U0960325

现代有轨电车系列丛书

现代有轨电车供电系统

中车唐山机车车辆有限公司 组编

周福林 李 虎 王兆家 杲晓锋 刘 炜
杨小凤 吕高腾 任俊利 金富达 编著

机械工业出版社

本书是“现代有轨电车系列丛书”之一，全书共分五章。第1章从有轨电车起源开始，阐述了有轨电车及其供电模式；第2章从系统构成、外部电源引入、牵引供电系统和接触网系统等部分对现代有轨电车供电系统进行了详细论述；第3章对近些年国内外新型供电技术进行了延伸性系统论述；第4章结合沈阳浑南新区和苏州高新技术开发区的现代有轨电车项目进行了工程化方案说明；第5章介绍了现代有轨电车的节能应用技术。

本书总结了国内多个现代有轨电车建设案例，对现代有轨电车供电系统建设前期研究的科学性、规范性具有一定的指导意义。可作为有轨电车供电设计的本科、硕士研究生参考资料，也可供有轨电车运营管理等人员阅读，同时还可以作为高校轨道车辆专业师生的参考书。

图书在版编目（CIP）数据

现代有轨电车供电系统/周福林等编著．—北京：机械工业出版社，2017.10

（现代有轨电车系列丛书）

ISBN 978-7-111-58140-6

Ⅰ.①现…　Ⅱ.①周…　Ⅲ.①有轨电车－供电系统　Ⅳ.①U482.1

中国版本图书馆CIP数据核字（2017）第238830号

机械工业出版社（北京市百万庄大街22号　邮政编码100037）
策划编辑：何月秋　责任编辑：何月秋　徐　强
责任校对：刘秀芝　封面设计：马精明
责任印制：李　昂
河北鹏盛贤印刷有限公司印刷
2018年1月第1版第1次印刷
184mm×260mm·7印张·158千字
0001—2500册
标准书号：ISBN 978-7-111-58140-6
定价：49.00元

凡购本书，如有缺页、倒页、脱页，由本社发行部调换

电话服务
服务咨询热线：010-88361066
读者购书热线：010-68326294
　　　　　　　010-88379203
封面无防伪标均为盗版

网络服务
机 工 官 网：www.cmpbook.com
机 工 官 博：weibo.com/cmp1952
金 书 网：www.golden-book.com
教育服务网：www.cmpedu.com

“现代有轨电车系列丛书” 编写委员会

主　任　吴胜权

副主任　黄振晖　王贵国

委　员　（排名不分先后，按拼音排序）

曹　源　常胜利　董伟力　付稳超　杲晓锋
赫宏联　黎冬平　李　虎　刘威伟　孙桐林
王冬卫　王艳荣　王兆家　杨雪峰　臧晓艳
张　华　张建华　张天白　赵　云　周福林

“现代有轨电车系列丛书” 审查委员会

主　任　侯志刚

委　员　周军年　尹叶红　陈　亮　黄烈威　周新远
王文平　郭良金　李　娇　叶　彬　王洪奇
杨　光　甄大伟　张晓海

序

当前，我国城镇化进程正在不断推进，随着城市数量和规模的不断扩大，交通拥堵、环境污染及能源短缺等问题也日益突出，大力发展城市轨道交通已成为大多数城市的共识。现代有轨电车作为一种现代化交通方式，已在欧洲成功实现复兴，并逐渐成为当前国内关注的热点，许多城市都开始积极规划和建设有轨电车，天津泰达、上海浦东、沈阳浑南新区和苏州高新区等已相继开通了现代有轨电车系统。

《国务院关于城市优先发展公共交通的指导意见》中明确的总体发展目标是：科学研究确定城市公共交通模式，根据城市实际发展需要合理规划建设以公共汽（电）车为主体的地面公共交通系统，包括快速公共汽车、现代有轨电车等大容量地面公共交通系统，有条件的特大城市、大城市有序推进轨道交通系统建设。有别于传统有轨电车，现代有轨电车在控制、牵引供电和车辆技术上进行了更新，其载客量适中、安全舒适、快速便捷、节能降噪特点更加凸显，是城市轨道交通中低运量的典型制式，适合于大城市城市轨道交通网络的补充，中小城市和新规划城市的城市公共交通的骨干交通。因此，现代有轨电车将在我国迎来更大的发展。

现代有轨电车已被证明是一种成熟、安全的技术，但与所有交通制式一样，现代有轨电车自有其适用范围，过度夸大它的作用和放大它的缺点都不是科学的做法，唯有扎实做好基础工作才能保障现代有轨电车的持续健康发展。但我国现代有轨电车的相关工作还比较薄弱，存在着缺少建设实施标准、缺乏规划建设统筹和功能定位界定不清等问题，迫切需要更多的研究来推动相应产业和技术的发展。

本系列丛书是对2016年出版的《城市现代有轨电车工程基础》的进一步完善，更加深入地介绍了现代有轨电车工程的理论体系，包括前期规划设计、商务合作模式、建设施工、通信信号工程、机电工程、车辆制造和运营管理等内容。书中内容更加翔实，对人们全面系统地了解现代有轨电车系统及其配套工程具有较高的参考价值。

中国城市轨道交通协会副会长兼秘书长

中国城市轨道交通协会现代有轨电车分会会长

前 言

随着人口膨胀和城市化进程的加快，交通拥挤、环境污染等“城市病”已成为制约城市进一步发展的瓶颈。世界各国经验表明，发展大容量轨道交通是解决城市交通问题的重要方向。20 世纪 70 年代以来，有轨电车新技术取得突破性进展，现代有轨电车在世界范围内掀起复兴建设热潮，成为重要的轨道交通制式之一。我国城市轨道交通正处于大规模快速发展时期，这从根本上为现代有轨电车的发展提供了长效需求。《国民经济和社会发展第十二个五年规划纲要》指出：“科学制定城市轨道交通技术路线，规范建设标准，有序推进轻轨、地铁、有轨电车等城市轨道交通网络建设”。国家发展和改革委员会依据其课题研究成果向国务院上报发展政策建议，支持中等城市发展现代有轨电车。截至 2014 年年底，有 25 个省（区、市）的 72 座城市提出了建设有轨电车线路的意向或规划，超过 40 座城市开展了有轨电车的路网规划工作，规划线路达到 50 条以上，规划里程超过 1300km，总投资将越过 3000 亿元。可以预见的是，未来二三十年，现代有轨电车在我国将迎来重要的发展机遇期。

国内从事现代有轨电车研发、生产的企业已有多家，通过引进、吸收和自主创新等途径创造出了不错的成绩。但是，我国在现代有轨电车领域的发展并不连贯，没有成体系的理论和文件，迫切需要对系统线路供电系统进行更多的研究，充分剖析和阐述现代有轨电车的发展历程、供电系统各组成部分的工作原理、国内应用情况和发展现状，为轨道交通规划设计人员、高校车辆工程专业、有轨电车运营管理人员提供学习借鉴。

本书参考了国内外大量相关文献以及国内外现代有轨电车系统设计、建设的实际资料，介绍了现代有轨电车供电系统的发展历程以及当前国内外技术的应用现状，并且对有轨电车供电系统进行了详细的梳理与分析；同时对供电制式的不断创新发展进行了说明，对国内已开通运营有轨电车典型线路的规划设计进行了具体说明。可以作为有轨电车供电设计的本科生、硕士研究生的参考资料，也可供有轨电车运营管理等人员阅读，同时还可以作为高校轨道车辆专业师生的参考书。

本书共分 5 章，由周福林、李虎牵头组织，周福林、李虎、王兆家、杲晓锋、刘炜、杨小凤、吕高腾、任俊利、金富达编著。第 1 章从有轨电车起源开始，阐述了有轨电车及其供电模式的不同发展阶段（周福林、李虎、王兆家编著）。第 2 章从有轨电车系统构成、外部电源引入、牵引供电系统和接触网系统等部分对现代有轨电车供电系统进行了详细论述（李虎编著）。第 3 章结合近些年国内外新型供电技术展开了延伸性系统论述（周福林、杲晓锋、王兆家、杨小凤编著）。第 4 章结合国内沈阳浑南新区和苏州高开区现代有轨电车项目进行了工程化方案说明（李虎、吕高腾、金富达编著）。第 5 章对现代有轨电车节能应用技术开展了基础研究（周福林、刘炜、任俊利编著）。本书参考总结了国内多个建设研究的案例，对现代有轨电车供电系统建设前期研究的科学性、规范性具有一定的指导意义。

在编写本书时参考了国内外发表的部分文章、资料和书籍，目的是将国内外现代有轨电车的最新技术展现给读者，编者在此对有关作者表示诚挚的谢意。同时，对所有给予该书指导、支持和帮助的同志们表示衷心的感谢！

由于编者水平所限，遗漏、不足和参考文献未列全之处在所难免，欢迎广大读者批评指正，谨表谢意。

编者

目 录

第1章 概述

1.1 供电系统发展历程

有轨电车，顾名思义是由电力驱动的，在轨道上行驶的轻型小编组轨道交通车辆，一般最多不超过4节（见图1-1）。1879年德国工程师西门子首次在柏林工业博览会上尝试使用电力带动轨道车辆。此后，1880年到1890年间，德国柏林、意大利罗马和美国里士满都相继进行了有轨电车的商业化探索，并建立了有轨电车系统。距今为止，有轨电车的发展主要经历了3个阶段。

图1-1　传统有轨电车

第一阶段：快速发展阶段（1890—1930）

代表工业文明的有轨电车一出现，就很快打败了马车、人力车等交通方式，成为当时城市的主要交通出行方式。20世纪初包括欧洲、北美、日本和印度在内，几乎世界上每一个大城市里都拥有有轨电车系统，到1920年，英国拥有5000km线路、1.4万辆有轨电车，美国拥有2.5万km线路，而我国的天津、上海、北京和大连等诸多城市也相继引入了有轨电车。

第二阶段：衰退阶段（1930—1960）

随着汽车产业高速发展及技术变革的冲击，全世界范围内的有轨电车线路大量被拆除，在北美、法国、英国、西班牙及我国等地几乎完全消失。有轨电车作为“落后”的交通工具退出了历史舞台。有轨电车惨遭淘汰主要因如下：

1）汽车的冲击。一方面随着汽车工业的发展，私人汽车、公共汽车等路面交通工具数量急剧增长，有轨电车作为城市公共交通方式的重要性下降。另一方面随着大量汽车涌上街头，城市道路面积严重不足，有轨电车由于占用道路面积较广，反而成为城市交通发展的障碍。

2）技术落后。旧式有轨电车行驶在道路中间，与其他车辆混合运行，又受路口红绿灯的控制，运行速度很慢，正点率低，而且噪声大，加减速性能较差。

第三阶段：全球复兴阶段（20 世纪 70 年代至今）

20 世纪 70 年代，随着汽车行业的迅速发展，带来了越来越严重的交通拥堵、环境污染和能源危机等问题，迫使欧美许多发达国家重新选择有轨电车作为发展城市公共交通的重点。根据欧洲交通行业协会的统计，2005 年有 125 个城市开通运营现代有轨电车，到 2010 年已有 137 个城市开通有轨电车，车辆需要以每年 5% 的速度增长。

全球汽车保有量高速增长。20 世纪初以来，尤其是第二次世界大战后，汽车取代了传统有轨电车成为城市的主导交通方式，进入了快速成长的爆发期。根据美国汽车行业权威杂志 Wardsauto 发布的数据：1950 年到 1970 年，全球汽车保有量每 10 年翻一番，1970 年达到 2.5 亿辆。自 1970 年以来，全球汽车数量几乎每 15 年翻一番，到 2011 年 8 月，全球保有量突破 10 亿辆。

公交优先的发展战略逐渐成为各国的共识。如前所述，20 世纪进入 60 年代后，城市小汽车发展过量，公共交通萎缩，造成城市交通拥挤，道路交通事故增多和城市空气、噪声等污染日趋严重，使城市交通陷入了混乱的状态。因此，日益恶化的城市交通问题迫使发达国家不得不重视城市公共交通的发展。

现代有轨电车在传统有轨电车基础上发展而来的。1968 年法兰克福和汉诺威两座城市为了解决城市交通问题，计划修建地铁系统，由于工程规模大、实施时间长和资金迟迟不能到位，因此有人提出把有轨电车线路及车型进行技术改造与部分新建地铁线路结合起来的建设方案，研制出新一代有轨电车系统。

经过全面技术改造后，现代有轨电车性能有了较大的提高。经过了全面的技术改造，不仅在车体外观设计上更加美观，车辆性能也较传统有轨电车有了进一步的改善。与传统有轨电车相比，现代有轨电车具有运量大、换乘方便、运行速度快和噪声低等优点。

现代有轨电车的发展趋势：低地板 VS 高地板。传统有轨电车以及初始的现代有轨电车属于高地板车辆，其地板面距轨面一般在 800 ~ 1000mm，而地板高度为 300 ~ 350mm 的为低地板。高地板车辆由于需要建造高站台，不仅建设投资耗费较高，而且也影响了市容和交通，不便于乘客上下车。因此，当 1984 年首辆德国 DUEWAG 公司为日内瓦制造的低地板车面世后，很快低地板有轨电车就占据了主流趋势，按技术复杂程度低地板有轨电车主要有三个发展阶段：

1）第一代低地板轻轨车低地板占车长的 10% ~ 50%，中间车辆部分有一个低地板入口，低地板面积占整车面积的 10% ~ 15%。随后该车经过改进可占整车面积的 50%。

2）第二代低地板轻轨车辆低地板部分占整车的 60% ~ 70%，但车内还需要台阶向高地板区过渡。

3）第三代低地板轻轨车辆为 100% 低地板。如果动力转向架电采用独立车轮，则动力转向架上方的中间通道也可以做成低地板，两侧车轮突起部分可设置座椅，从而实现 100% 低地板，地板面距轨面通常仅为 350mm。

100% 低地板最大的优势是其便利性。其无须设置站台、方便乘客上下车，特别是便于残疾人和儿童上下车。由于其是 100% 的低地板，乘客可以方便地在车内移动，因此可以有效地缩短车辆站停时间，缓解高峰时段的客流压力。

100%低地板成为现代有轨电车的主流。1990年2月，世界上第一辆100%低地板轻轨车辆在德国的不莱梅正式投入使用。由于其显著的便利性及综合性能，100%低地板车辆逐渐成为现代有轨电车的主流。2000年之后大部分有轨电车都是100%低地板形式。经过近20年的发展，目前世界上共有约30种型号的6000多列100%低地板轻轨车在近20个国家的60多个城市运行。

100%低地板技术复杂，造价较高。100%低地板有轨电车是现代有轨电车技术发展的巅峰水平，应用了独立车轮动力转向架、模块化结构、铰接式连接和弹性车轮等复杂技术，技术难度较高，因此价格一般较非100%低地板有轨电车更为昂贵。同时，有轨电车的发展也伴随着供电模式和供电设备的不断升级，目前全世界范围内形成了百家争鸣的多形式供电技术。

1.2 行业标准现状

目前全国已有多个城市陆续建成有轨电车并运营，但此前有轨电车行业一直缺乏统一的技术规范。2016年10月，中国土木工程学会城市轨道交通技术工作委员会联合中国城市轨道交通协会有轨电车分会，以及来自全国20多家知名有轨电车设计、施工、车辆及运营单位的专家，参与制定了《现代有轨电车交通工程技术标准》(简称《标准》)。

该标准征求意见稿已于2016年12月份发布，待完成意见征集后将填补我国现代有轨电车行业技术统一标准的空白。《标准》指出，有轨电车可采用全封闭、半封闭和混行路权。《标准》还明确，有轨电车运输能力应与相交路口的通行能力相匹配，其骨干线路远期设计高峰行车对数不应小于20km/h，且宜采取必要的硬件保障措施和行车优先策略。《标准》还对有关乘客舒适度的相关问题进行了明确，运输能力按照6人/m^2车厢站席标准进行配置，超员标准为8人/m^2。同时，《标准》还明确指出对供电系统节能的相关要求，避免设计过程中过分保守造成公共投资的巨大浪费。

沈阳浑南新区现代有轨电车作为国内首个一次性成网运行的有轨电车项目，项目的设计是在国内地铁和轻轨等项目建设的经验基础上开展的，其供电系统具体设计原则与地铁轻轨设计理念相似，包括以下几个方面：

1）供电系统满足定位匹配、技术成熟、景观和谐和投资经济的要求。

2）中压网络接线满足开闭所一个电源退出运行时，相邻开闭所电源承担两个供电分区内的非高峰时的全部供电负荷。

3）牵引变电所的布点满足车辆运行和杂散电流腐蚀防护要求，并考虑周边地块景观的协调。

4）牵引网采用上下行并联方式，利于优化架空接触网景观。

5）供电系统正常运行方式下，继电保护应满足灵敏性、可靠性和速动性要求。

1.3 有轨电车供电发展现状

有轨电车系统经过三个世纪的发展，车辆技术和环境适应性得到了极大的提高，无论从车辆性能、舒适性、环保要求还是外观等方面都发生了根本性的改进。与建设地铁相比，

100% 低地板现代有轨电车更具有造价低廉、走行部转弯灵活和乘客上下车方便等优势。

与此同时，目前国内尚无关于现代有轨电车系统建设的标准体系，通过同地铁和轻轨系统的差异化分析和设计，明确现代有轨电车系统需要遵循的原则，在保证工程设计科学性、经济性和合理性的基础上，开展供电系统及其同其他系统的接口设计工作。随着国内外新技术、新产品和新设计理念的不断涌现，现代有轨电车系统的运行可靠性和设计水平也在不断完善和提高。供电系统作为轨道交通最重要的基础系统之一，在项目设计阶段需要给予重点关注。随着国内现代有轨电车项目陆续开展规划设计和建设运营，供电系统的设计理论、方法及相关仿真分析软件也亟须不断完善和改进，从而在工程设计中发挥更大的作用。

随着城市轨道交通的不断发展，城市轨道交通线路与市政道路交通的结合日益紧密，出现了城市轨道交通线路不封闭且人、车混行的特殊线路形式，如大连市 202 路轨道交通线。由于考虑到行人的安全，对于人、车混行路段，传统的接触轨的技术形态变得不再适用，目前只有架空接触网还兼具通用性。由于国家大力提倡绿色出行，并要求穿越风景名胜区和文物保护区等特殊区域的城市轨道交通线路不能对周围环境造成破坏和产生影响，因此架空接触网供电方式也不能较好地满足城市景观的要求。对于人、车混行且环境保护要求比较特殊的城市轨道交通线路，以上两种传统的供电方式均不能完全满足要求。为了适应城市在发展过程中对轨道交通线路的升级需求，需要对牵引供电方式进行系统升级。

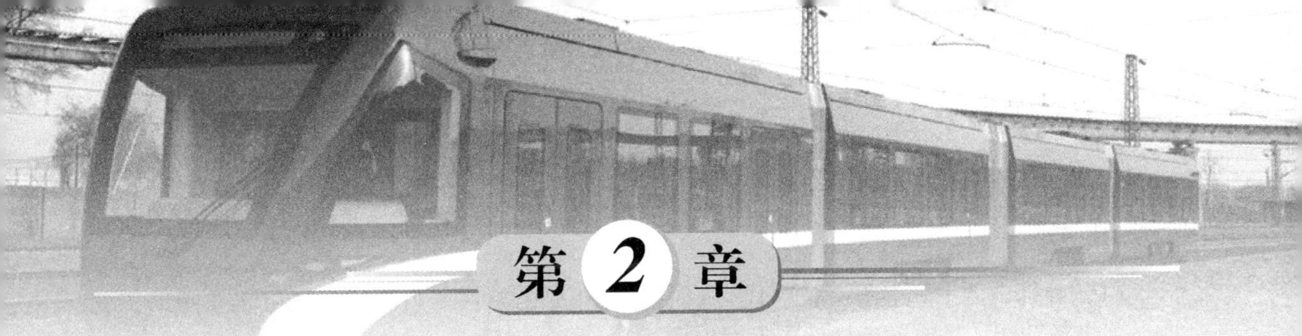

第 2 章 现代有轨电车接触网供电技术

电力是保证现代有轨电车正常运行及各种设备系统不间断工作的能源，一般取自于城市电网，且大部分均为一级负荷，要求比较高。通常引入双路独立电源，保证不间断供电。

现代有轨电车的供电系统负责提供车辆及设备运行的动力能源，一般包括高压电源系统、牵引供电系统和动力照明供电系统。高压电源系统是城市电网对现代有轨电车系统变电所的供电方式，一般视各城市的情况而定；牵引供电系统供给有轨电车车辆运行的电能，由牵引变电所和牵引网组成；动力照明供电系统提供车站和区间各类照明、扶梯、风机、水泵等动力机械设备电源和通信、信号、自动化等设备电源，由降压变电所和动力照明配电线路组成。

2.1 有轨电车供电系统构成

现代有轨电车供电系统广义上包括外部电源系统、电车内部供电系统和杂散电流腐蚀防护系统以及电力监控系统。其系统结构如图 2-1 所示。

有轨电车供电系统负责向车辆及供电设备供电，一般情况分为两大部分，一部分为外部电源系统，另一部分为电车内部供电系统。有轨电车作为城市电网的一个特殊用户，一般不需要单独建立电厂，直接从城市电网取电。城市电网对有轨电车进行供电，外部电源供电可以采用集中供电、分散供电和混合供电方式。

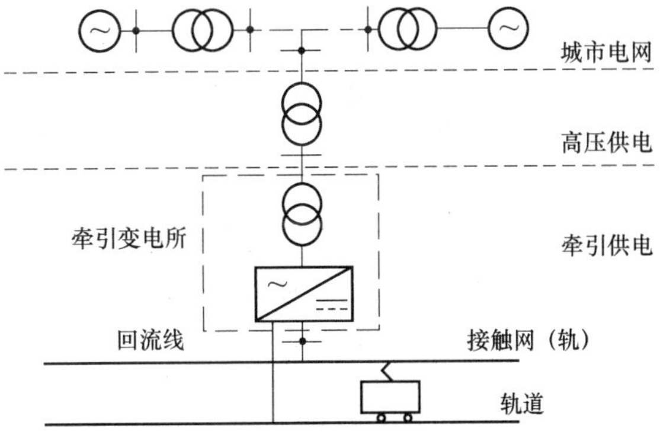

图 2-1 有轨电车供电系统组成

有轨电车内部供电系统由牵引供电系统和动力照明供电系统构成。牵引供电系统中的整流站即牵引变电所将中压环网的交流电整流为适合电车应用的低压直流电。馈线再将整流站的直流电送牵引网或者接触轨等，电车通过受流器与其接触获得电能。动力照明供电系统为车站及其区间各类动力机械设备电源以及通信、自动化等设备供电。降压变电所通过照明配电线路向动力照明系统供电。

按不同供电服务功能，牵引供电系统进一步可划分为外部电源、主变电所或电源开闭所、中压供电网络、牵引供电系统、动力照明供电系统、杂散电流腐蚀防护系统和电力监控系统。

（1）外部电源　顾名思义，现代有轨电车的外部电源就是为现代有轨电车系统的主变电所或电源开闭所供电的外部城市电网电源。

现代有轨电车系统作为城网的特殊用户，一条线其用电范围多在 10～40km，呈线状分布。根据线路实际情况，其外部电源方案可选择采用集中式供电、分散式供电或混合式供电形式。

（2）主变电所或电源开闭所　主变电所的功能是接受城网高压电源，经降压为牵引变电所、降压变电所提供中压电源，主变电所适用于集中式供电。电源开闭所的功能是接受城市中压电源，为牵引变电所、降压变电所转供中压电源，电源开闭所适用于分散式供电。

（3）中压供电网络　通过中压电缆，纵向把上级主变电所和下级牵引变电所、降压变电所连接起来，横向把全线的各个牵引变电所、降压变电所连接起来，便形成了中压网络，其功能类似于电力系统中的输电线路。

（4）牵引供电系统　牵引供电系统的功能是将交流中压电压经降压整流变成直流 1500V 或直流 750V 电压，为电动列车提供牵引供电。它包括牵引变电所与牵引网。

牵引变电所可以分成正线牵引变电所、车辆段或停车场牵引变电所。正线牵引变电所又分为车站牵引变电所和区间牵引变电所。牵引变电所一般采用设备安装在建筑物内的形式，另外也有少量的箱式牵引变电所。

牵引网包括接触网与回流网。接触网有架空接触网和接触轨两种悬挂方式。大多数工程利用走行轨兼作回流网，少数工程单独设置回流轨。

（5）动力照明供电系统　动力照明供电系统的功能是将交流中压电压降压变成交流 220V/380V 电压，为运营需要的各种机电设备提供低压电源。它包括降压变电所和动力照明配电系统。

根据设置的位置不同，降压变电所可以分成车站降压变电所、车辆段或停车场降压变电所以及控制中心降压变电所。根据主接线形式的不同，降压变电所又可以分成一般降压变电所和跟随式降压变电所。当降压变电所与牵引变电所合建时，将形成牵引降压混合变电所。另外，有的地面线路采用了箱式降压变电所。

（6）杂散电流腐蚀防护系统　杂散电流腐蚀防护系统的功能是减少因直流牵引供电引起的杂散电流并防止其对外扩散，尽量避免杂散电流对现代有轨电车系统本身及其附近结构钢筋、金属管线的电腐蚀，并对杂散电流及其腐蚀防护情况进行监测。尽管杂散电流腐蚀防护系统涉及多个专业，由于直流牵引供电系统是产生杂散电流的根源，因而通常将杂散电流腐蚀防护系统归由供电系统设计。

（7）电力监控系统　电力监控系统的功能是实时对现代有轨电车系统各变电所、接触网设备进行远程数据采集和监控。在现代有轨电车控制中心，通过调度端、通信通道和执行端（变电所综合自动化系统），对主要电气设备进行遥控（含遥调）、遥信和遥测，实现对整个供电系统的运营调度和管理。

2.2　外部电源供电方式

外部电源就是为主变电所或者电源开闭所供电的城市电网电源，其供电方式有集中式供电、分散式供电和混合式供电三种。

2.2.1　集中供电方式

采用集中供电时，需要设立专用的主变电所或者电源开闭所集中为牵引变电所、降压变电所供电，中压环网等级一般采用 35kV 或者 10kV 电压，其原理图如图 2-2 所示。

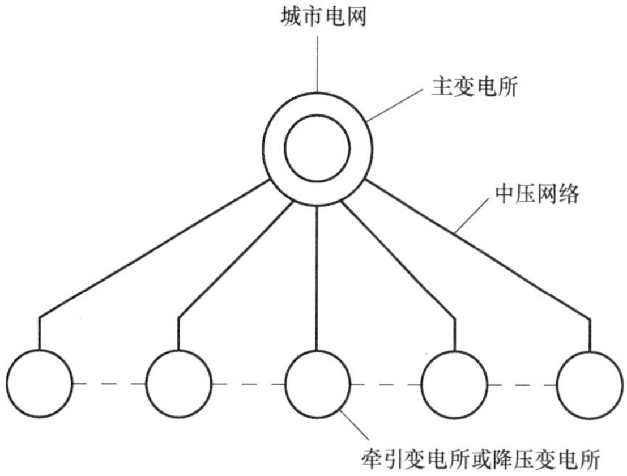

图 2-2　集中供电方式

集中供电方式可分为两级电压制［110kV/35kV（或 33kV）］和三级电压制［110kV/35kV（或 33kV）/10kV］。两级电压制中牵引变电所和降压变电所均由 35kV 电源供电。全线变电所分为若干供电段，每供电段由 3 ~4 个牵引变电所或降压变压器组成，每一供电段由一个牵引变电所或者降压变电所直接从主变电所引出两路电源，其余变电所（跟随降压变电所除外）采用环路连接的方式从相邻变电所引入两电源，如图 2-3 所示。

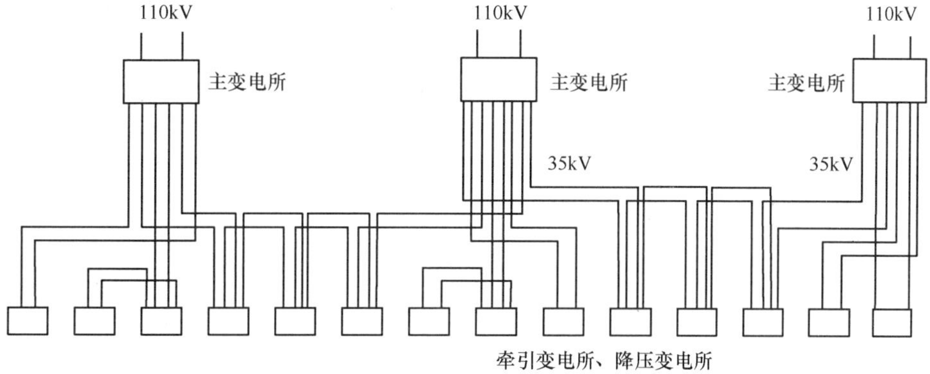

图 2-3　两级电压制集中式供电方式环网接线

三级电压制中，将牵引变电所供电和降压变电所的供电分开，如图 2-4 所示。牵引变电所采用 35kV（或 33kV）电压供电，另外设 35kV（或 33kV）/10kV 中心降压变电所，向全线降压变电所供电。牵引变电所 35kV（或 33kV）侧单母线接地，一般以两个牵引变电所为一个单元分组，每个单元的两个牵引变电所从主变电所或 35kV 开关站的不同 35kV 母线或者不同的主变电所分别引入一电源，两整流站之间设有联络电缆，作为备用电源，互为备用。

两级制供电方式的可靠性不低于三级制供电方式，而且其工程投资和运营成本等方面优势也很明显。但是从谐波影响来看，三级制的谐波分量小于两级制供电方式。从近些年国内有轨电车开通建设运营线路统计数据来看，现代有轨电车牵引变电所普遍采用 10kV 三相交流供电，故集中供电方式宜采用三级制式供电。

2.2.2　分散式供电方式

采用分散式供电方式时，不需设立专门的主变电所或者电源开闭所。各牵引变电所以及降压变电所分所由城市电网就近引入两路电源，电源电压一般为10kV，如图2-5所示。

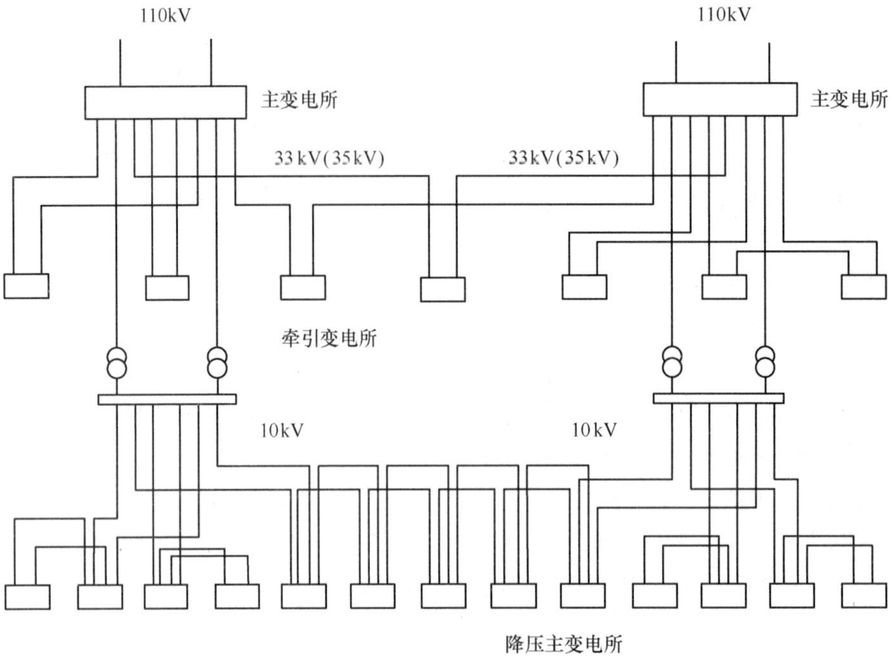

图2-4　三级电压制集中式供电方式环网接线

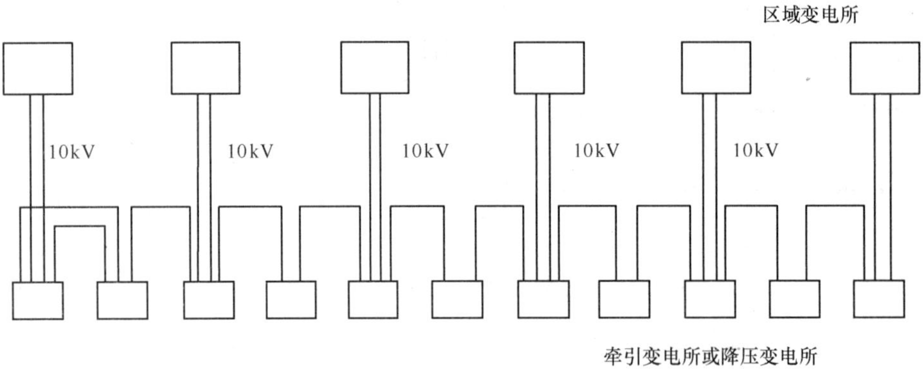

图2-5　分散式供电

2.2.3　混合式供电

混合供电方式即为前两种供电方式的结合，主要为集中供电，在个别地段引入城市电网电源作为集中式供电的补充，使供电系统更加完善和可靠。

2.2.4　外部电源供电方式比较

当采用集中供电方式时，通过主变电所向牵引变电所及降压变电所供电，当采用分散供电方式时，直接通过城市电网向牵引变电所及降压变压器供电。混合供电则是上述两种方式相结合的供电方式。集中供电方式与分散供电方式的比较见表2-1。

表 2-1　集中供电方式与分散供电方式的比较

项　目		集中式供电	分散式供电
供电可靠性		高	低
工程投资	电气设备投资	略高	低
	电缆投资	低	高
	系统改造投资	低	高
工程的可行性和经济性		可行、经济	较复杂
供电系统独立性		高	低
供电系统控制、保护		可靠性好	可靠性降低
供电质量		高	低
运营成本	电能损失	低	高
	备品备件	少	复杂
	运营维护工作量	小	大

总之，有轨电车的供电系统与城市电网密切相关，因此在规划电车项目时应该根据该城市电网的具体情况，选择最合适的供电方式。

2.3　主变电所或电源开闭所

主变电所的作用就是接收城市高压电源，经降压后为牵引供电系统供电。主变电所适用于集中式供电。电源开闭所连接城市中压电源，为牵引供电系统提供中压电源。电源开闭所一般与车站牵引或者降压变电所合建，适用于分散式供电。

对于集中式外部电源方案，应建设城市轨道交通用主变电所。城市轨道交通供电系统主变电所的功能是接收城网高压电源，经降压后为牵引变电所和降压变电所提供中压电源。

（1）所址选择　变电所选址是配电网规划的重要组成部分，其位置是否合理除直接影响变电所工程投资和运行经济效益外，还关系到配电网的网络结构、供电质量和运行经济性。所址选择应遵循以下基本原则：

1）所址应与城市建设和电网规划相协调。

2）尽可能避开闹市区，减少对城区市容和附近居民生活工作的影响，如可建在地下、大桥下或大厦下。

3）靠近提供电源的城网变电所，便于进出线，满足电缆铺设要求。

4）尽量靠近所供线路区段的负荷中心，以减低造价、减少电能损失和电压损失。

5）设备运输方便。

（2）进线及安装容量说明

1）两路独立高压电源中的任一路都能承担全所正常及故障情况下的全部负荷，两路一般为专用，条件限制时可一路专用，一路非专用。

2）容量按远期最大运量设计，设两台主变压器。

3）当任一台主变压器退出运行时，另一台主变压器能承担全所的一、二级负荷。

4）当一个主降变电所因故障退出运行时，同一线路相邻的其他主降变电所应能分担故障的主变电所所负责的全部一、二级负荷，如果仅有一个主降变电所，则在系统中从城市电网引入中压联络线。

（3）电气主接线　主变电所电气主接线应与当地电力部门协商确定。城市轨道交通供电系统主变电所高压侧与城市电网之间应设明显的电气分断点。其他说明如下：

1）主降变电所高压侧接线一般采用内桥接线或带外跨条的线路-变压器组接线方式。

2）中压侧为单母线分段，装设母联断路器，正常时母联断路器处于断开。

3）高压进线和中压母线设置避雷器和电压互感器。

4）每段中压母线分别设置一台自用电变压器。

5）考虑轨道交通线路的发展，必要时预留一定数量的开关柜。

（4）运行方式说明

1）正常时，中压侧母联断路器断开，两段母线分段运行。

2）当采用内桥接线时，正常时桥断路器断开，两台主变压器分列运行；当一回进线因检修或故障退出运行时，通过倒闸作业，合上桥断路器，由另一回进线带两台变压器；当一台变压器因检修或故障退出运行时，合上中压侧母联断路器，由另一台变压器承担本所供电区域的一、二级负荷供电。

3）当采用线路-变压器组接线，正常时两台主变压器分列运行，当一回进线或变压器因检修或故障退出运行时，合上中压侧母联断路器，由另一台变压器承担本所供电区域的一、二级负荷供电。

4）主变电所的位置应尽量设置在拟建线路的沿线，而开闭所的运营管理权则由当地电力局负责日常管理工作。

2.4　牵引供电系统

牵引供电系统是将中压电压经过整流变成直流电压，为有轨电车供电。电车牵引供电系统由两部分构成：牵引变电所（整流站）和有轨电车受电方式（供电制式）。

目前世界上城市轨道交通系统的牵引网均采用直流牵引，牵引电压等级较多，如600V、750V、825V、1000V、1200V和1500V等，其发展趋向于国际IEC电压标准600V、750V和1500V，而我国国标电压标准为750V和1500V两种。所以，目前国内各城市的地铁和轻轨采用的电压制均在750V和1500V之间进行选择，而现代有轨电车则均采用DC750V电压制式。

2.4.1　牵引变电所

有轨电车牵引变电所的设计应该满足以下供电要求：

1）牵引变电所交流供电电源应列为交流电源的一级或者二级负荷。

2）牵引变电所应有两路交流供电电源。其辅助电源应与交流供电电源同样可靠，除装有一台辅助变压器外，还应有备用辅助电源。

3）馈电设备的设计电流选用600A，应具有故障备用设施。

4）交流供电电源额定电压宜采用10kV，变动幅度在额定电压值的±7%内。

牵引变电所的容量及位置是根据车辆编组、车辆型式以及运行高峰小时的车流密度，通过牵引计算，多方案比较后确定的。牵引变电所的容量设置遵循以下原则：

1）运营方便，供电合理，满足高峰运营时最大负荷需求。

2）任何相隔两座的牵引变电所故障解列时，其邻近牵引变电所的过负荷能力能够保证电车的正常运行。

牵引变电所容量按远期运量设计，整流机组的过负荷能力依照 IEC146 标准设置，电车属于城市轨道交通的一种，其负荷属于 VI 类负荷。其过负荷能力满足：100% 额定负荷电流，连续运行；150% 额定负荷电流，运行 2h；300% 额定负荷电流，运行 1min。

2.4.2　供电制式

有轨电车供电制式主要分为两种：一种是架空接触网供电；另一种是无触网供电。两种供电制式常采用国际电工委员会（IEC）推荐的 DC1500V 和 DC750V。

由于线路损耗与电流的平方成正比，所以从输电效率来讲，DC1500V 输电损耗比 DC750V 小，效率高。同时 DC1500V 电压变化率小，电能质量比 DC750V 好，杂散电流也要小一半，减少了对地下金属建筑物的腐蚀。

（1）架空接触网供电　架空接触网供电方式与传统铁路以及大部分地铁所采取的供电方式大致相同。电车通过车顶的受电弓从接触网上取电。目前国内的电车大多采用这种供电方式。架空接触网供电是一种传统的供电方式，其技术较成熟，但是也存在以下问题：

1）架空接触网对城市景观影响较大，直接造成视觉污染，特别在交叉路口。

2）大部分城市，尤其新城市在规划时，已经将电缆几乎全部埋入地下，如果采用架空接触网供电，需要重新将电缆置于地面之上。

3）架空接触线裸露在外也存在电击以及挂落的危险。

（2）无触网供电　有轨电车是一种历史悠久的公共交通工具，现在许多城市仍然保留有轨电车，并且在技术上不断改进，但是近些年来，许多人认为市中心的架空接触线很不美观，在纽约、巴黎、伦敦和华盛顿特区等的市中心都将轨道交通设置在地下，到了郊区才设置在地面上，地下的建设费用往往是地面架空供电的 3 倍以上，并且维修费用也很高，为了在地面上避免架空接触网供电，近些年发展了许多无接触网供电方式，并取得了不错的成果。目前，世界上电车的无触网供电方案主要分为三大类：第三轨受流供电、车载储能供电和无线传输受流供电。

2.5　动力照明供电系统

动力照明供电系统是将交流中压电压转换为交流 220V/380V 电压，向运营需要的各种机电设备供电。动力照明供电系统包括降压变电所、动力照明配电系统。依据位置不同，压变电所可以分为车站、车辆段、停车场和控制中心降压变电所；依据主接线形式不同可以分为一般降压变电所和跟随降压变压器。

动力照明系统实现降压变配电功能，包括降压变电所与动力照明配电系统。降压变电所将进线电源降压后变成低压 380V/220V 电源，再经低压配电系统供给车站、车辆段（停车场）和控制中心的动力照明设备使用，以保证车站设备和照明系统的正常运行。

2.5.1 负荷分级

根据用电设备的重要程度，动力照明负荷划分为三级：

一级负荷有车辆段及停车场内通信、信号、FAS、消防设备、应急照明、变电所用电和接触网报警装置等。

二级负荷有沿线车站照明、车辆段及停车场照明、区间道岔转辙设备和车辆段重要的检修设备等。

三级负荷为除一、二级负荷外的其他负荷。

一级负荷由变电所提供两路电源供电，末端切换。二、三级负荷由双电源变电所或接在环网上的变电所提供一回低压电源供电，距离变电所过远的重要二级负荷提供两回线路供电。

2.5.2 降压变电所

降压变电所是现代有轨电车运营安全、行车安全、防灾安全以及应急处理等动力照明供电的保障，有独立式、跟随式和混合式三种类型，可采用与车站合建式、单建式和箱式三种建筑形式。

降压变电所和牵引变电所同等重要。降压变电所的位置应靠近负荷中心，考虑电缆进出方便以及设备运输方便。应综合考虑低压用电负荷的分布与大小、车站规模等合理确定车站降压变电所的数量及位置。

（1）车辆段降压变电所　车辆段（停车场）占地规模大，设置了综合维修基地以及综合办公楼等，总的低压用电量比较大且用电负荷分散。一般设置两座降压变电所，其中一座与车辆段牵引变电所合建，主要为办公区、信号楼等提供低压电源。另一座为跟随式降压变电所，主要为维修车间、停车库及邻近场所提供低压电源。

（2）控制中心降压变电所　在实际工程中，控制中心大楼除其有调度指挥功能外，一般具有办公功能，其中办公建筑面积还会占大部分。控制中心大厅及其设备区服务于线路、车站、车辆段和停车场等全部场所的运营与管理，在运营中具有非常重要的地位，它对电源安全性和可靠性要求很高。控制中心大厅及设备区的低压用电量并不大，但如考虑办公等其他功能需求，低压用电量将增大许多。

控制中心大楼设置一个降压变电所，可以满足低压用电负荷的需要。考虑到办公等功能的用电需要，配电变压器容量要适当增容。控制中心降压变电所不宜与正线降压变电所合建，目的在于充分保障控制中心供电的独立性、安全性和可靠性。

（3）车站及区间降压变电所　与其他城市轨道交通不同，主要采用半独立或混合路权的现代有轨电车通常运行于城区范围的地面线路，可不考虑区间照明而借助城市照明系统，而正线车站形式多为建筑规模较小的地面开放式，用电负荷较小，可多站共用一座降压变电站或直接引入城市低压电源。

2.5.3 中压主接线

降压变电所中压主接线形式与降压变电所的位置、中压网络构成形式及运行方式、服务对象有关，由交流中压开关设备、配电变压器和交流低压开关设备等几部分组成。主接线应满足可靠性、灵活性和经济比的基本要求，一般为分段单母线，根据系统运行需要，可设或不设母线分段开关，而跟随式降压变电所一般采用线路-变压器组接线。

（1）分段单母线接线（设母线分段开关）　降压变电所中压电源侧为分段单母线，设母线分段开关，母线分段开关可手动和自动操作。降压变电所在两段母线上各设一台配电变压器，如图 2-6 所示。

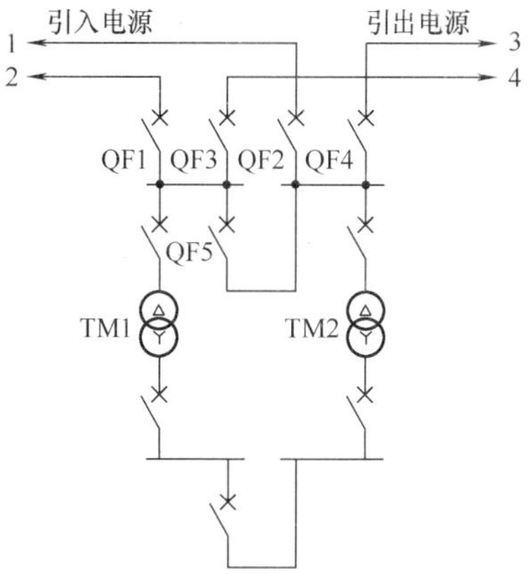

图 2-6　分段单母线接线示意图（一）

正常运行时，两个独立的进线电源同时供电，两台变压器分列运行，负载率应尽量接近。非正常情况下的运行方式如下：

1）一个进线电源 QF1（QF2）失电退出后，根据低压负荷情况自动或手动切除三级负荷，另一台配电变压器 TM2（TM1）承担本降压变电所全部一、二级负荷的正常用电。

2）一个进线电源 QF1（QF2）失电退出后，分段开关 QF5 投入运行，由另一个进线电源 QF2（QF1）向本降压变电所的两段母线供电。

3）两个进线电源 QF1、QF2 失电退出后，通过调度令进行倒闸操作，由相邻变电所反向提供中压电源 QF3、QF4。采用这种方式时，倒闸操作需要一定的时间，在倒闸期间，本降压变电所暂时退出，对线路运营有短时间的影响。

4）当一段母线退出后，闭锁分段开关 QF5 投入功能，分段开关不投入运行，另一段母线继续运行。根据低压负荷的使用情况，自动或手动切除三级负荷，另一段母线上的配电变压器承担本降压变电所全部一、二级负荷的正常用电。

5）当一台配电变压器 TM1（TM2）退出后根据低压负荷情况自动或手动切除三级负荷，另一台配电变压器 TM2（TM1）承担本降压变电所全部一、二级负荷的正常用电。

（2）分段单母线接线（不设母线分段开关）　降压变电所中压电源侧为分段单母线，不设母线分段开关。降压变电所在两段母线上各设一台配电变压器，如图 2-7 所示。

正常运行时，两个独立的进线电源同时供电，两台变压器分列运行，负载率应尽量接近。非正常情况下的运行方式如下：

1）一个进线电源 QF1（QF2）失电退出后，根据低压负荷情况自动或手动切除三级负荷，另一台配电变压器 TM2（TM1）承担本降压变电所全部一、二级负荷的正常用电。

2）一个进线电源 QF1（QF2）失电退出后，通过调度令进行倒闸操作，由相邻变电所反向提供中压电源 QF3（QF4）。采用这种方式时，倒闸操作需要一定的时间。在倒闸期间，本降压变电所的全部一、二级负荷由另一段母线上的配电变压器承担。

3）当一段母线或配电变压器 TM1（TM2）退出后，运行方式和设置母线分段开关的分段单母线接线相同。

4）两个进线电源 QF1、QF2 失电退出后，通过调度令进行倒闸操作，由相邻变电所反向提供中压电源 QF3、QF4。采用这种方式时，倒闸操作需要一定的时间。在倒闸期间，本降压变电所暂时退出，对线路运营有短时间的影响。

（3）线路-变压器组接线　线路变压器组接线是由带熔断器的负荷开关（或断路器）和配电变压器组成，如图 2-8 所示。

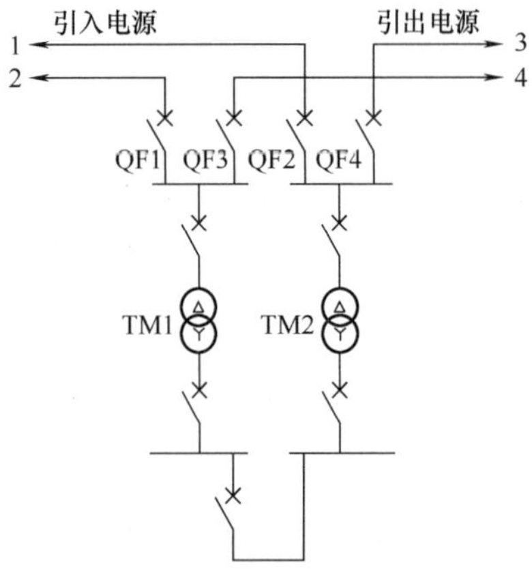

图 2-7　分段单母线接线示意图（二）

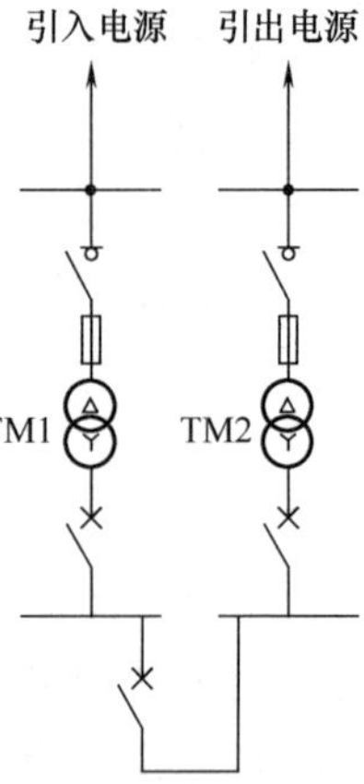

图 2-8　线路-变压器组接线示意图

正常运行时，两个独立的进线电源同时供电，两台变压器分列运行，负载率应尽量接近。当一个进线电源失电或一台配电变压器退出后，根据低压负荷的使用情况，自动或手动切除三级负荷，本段的配电变压器容量满足本降压变电所全部一、二级负荷的正常用电需要。

2.5.4　低压主接线

动力照明配电系统直接面向低压用户，从用电设备负荷分类来讲，一、二级负荷占绝大多数，对低压电源的可靠性要求高，可采用分段单母线接线，设母线分段开关，如图 2-9 所示，两段低压母线上的负荷应尽量均衡分配，与配电变压器安装容量相匹配。

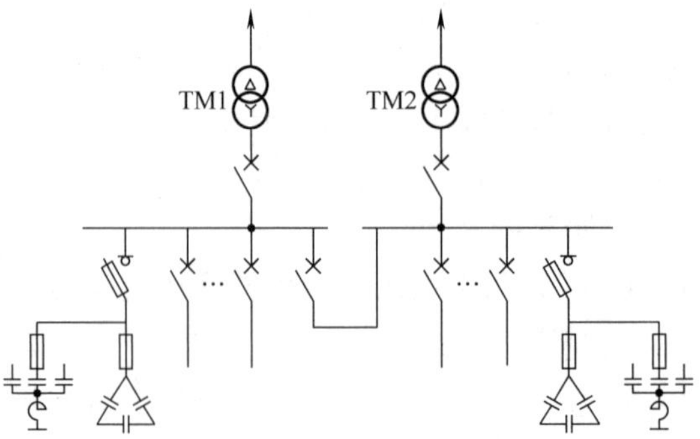

图 2-9　低压主接线示意图

正常运行时两个独立的低压进线电源同时供电，两段母线分列运行。当一个低压进线电源失压时，进线开关与母线分段开关可以采用“自投自复、自投手复、手投手复”等投入方式。

（1）自投自复运行方式　当一个低压进线电源失压延时跳闸时，母线分段开关自动投入，另一个低压进线电源向两段母线供电。该低压进线电源来电时，母线分段开关自动分闸，该低压进线开关自动合闸，恢复正常运行方式。该方式属于常用的一种运行方式。

（2）自投手复运行方式　当一个低压进线电源失压延时跳闸时，母线分段开关自动投入，另一个低压进线电源向两段母线供电。该低压进线电源来电时，母线分段开关手动分闸，该低压进线开关手动合闸，恢复正常运行方式。

（3）手投手复运行方式　当一个低压进线电源失压延时跳闸时，母线分段开关手动投入，另一个低压进线电源向两段母线供电。该低压进线电源来电时，母线分段开关手动分闸，该低压进线开关手动合闸，恢复正常运行方式。

2.5.5　低压配电形式

低压配电常用形式：树干式配电、放射式配电与链式配电。

（1）树干式配电形式　在正常环境的场所内，当大部分用电设备为中小容量且无特殊要求时，可以采用树干式配电形式，如图 2-10 所示。树干式配电形式的配电级数较多，某级发生故障时，可能会引起降压变电所低压开关柜馈出开关越级跳闸，从而影响了其他设备的正常用电，降低了配电系统的可靠性和安全性。

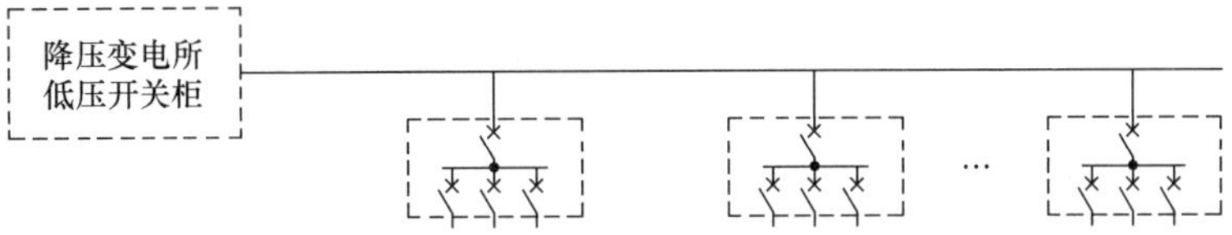

图 2-10　树干式配电示意图

（2）放射式配电形式　当用电设备为大容量，或负荷性质重要，或在有特殊要求的场所内，可采用放射式配电形式，如图 2-11 所示。放射式配电形式属于降压变电所低压开关柜馈出开关与下级电源开关之间一对一的电源关系，是否越级跳闸的后果是相同的，都面临用电设备退出、断电维修等问题。

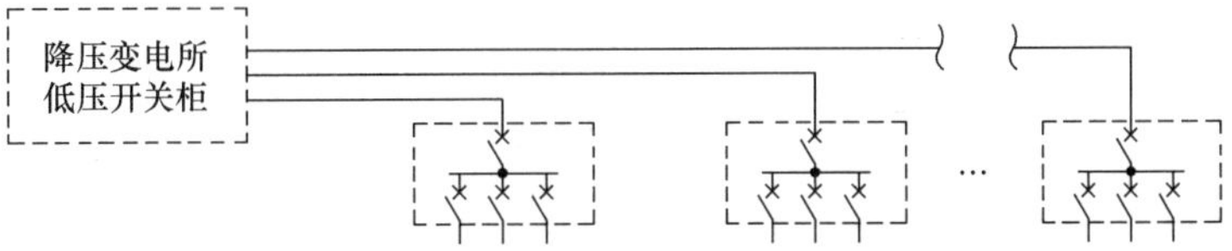

图 2-11　放射式配电示意图

（3）链式配电形式　对距降压变电所较远，而彼此相距很近、容量很小的次要用电设备，可采用链式配电形式，如图 2-12 所示。链式配电形式的配电级数较多，某级发生故障时（末级除外），将影响其后面连接设备的正常用电。

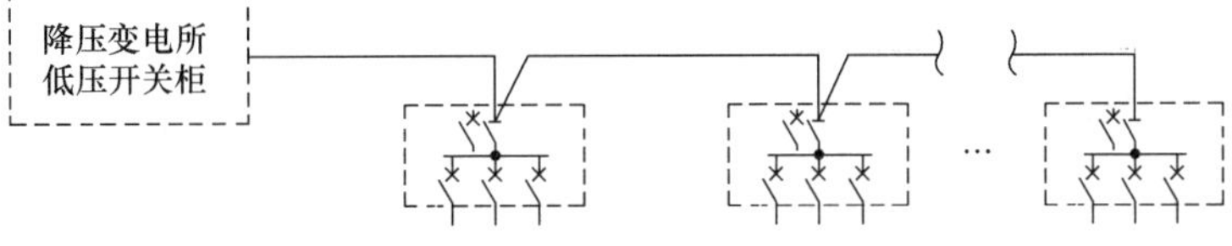

图 2-12　链式配电示意图

2.6 杂散电流腐蚀防护系统

杂散电流腐蚀防护系统减少了因直流供电的杂散电流并防止其扩散，尽量避免了其对城市轨道交通本身及其附近钢筋、金属等结构设备的电腐蚀，同时对杂散电流及其防护情况进行监测。

杂散电流防护设计按照“以堵为主，以排为辅，堵排结合，加强监测”的原则设置杂散电流防护及检测系统，在无法设置杂散电流收集网的路段，对沿线金属管线进行单独防护。当杂散电流防护与安全接地发生矛盾时，优先考虑安全接地。

杂散电流腐蚀防护方案、排流方案和监测系统方案参见4.1.10节内容。

2.7 电力监控系统

电力监控系统以计算机、通信设备、测控单元为基本工具，为变配电系统的实时数据采集、开关状态检测及远程控制提供了基础平台，它可以和检测、控制设备构成任意复杂的监控系统，在变配电监控中发挥核心的作用，可以帮助企业消除孤岛，降低运作成本、提高生产效率，加快变配电过程中异常的反应速度。

电力监控系统的控制中心电力调度系统方案、变电所综合自动化系统构成、变电所综合自动化系统方案等内容参见4.1.9节。

2.8 接触网系统

接触网是电气化中所提到的主要供电装置之一，其功用是通过它与受电弓的直接接触将电能传送给电力机车。接触网最早出现的形式是利用钢轨供电。随着电压的提高、运输量的增大、技术的不断改进以及对人身安全的严格要求等，使接触网的结构逐渐发展成为目前广泛采用的架空式接触网。地下铁道由于受空间条件的限制，一般采用接触轨式接触网。但是近年来，随着电压的升高，也在采用架空式的刚性悬挂或软索式悬挂。对有轨电车系统而言，一般地区采用未补偿简单接触悬挂方式，特殊地区可以考虑带补偿及弹性吊索简单悬挂方式。

2.8.1 接触网概述

架空接触网是设置在车辆限界顶部上方或侧面，通过车顶受流装置向车辆供电的接触网。接触网架设范围包括正线、正线间的渡线、折返线、停车线、出入段线以及车辆段内电化股道等部分。

（1）系统组成部分

1）牵引网。牵引网包括了接触网、钢轨回路（包括大地）、馈电线和回流线的一个大范畴，它是轨道交通供电系统中向电动车组供电的直接环节。

2）接触网。接触网是一种轨道敷设的和铁路轨顶保持一定距离的输电网。通过电动车组的受电弓（或受流器）和接触网的滑动接触，牵引电能就由接触网进入电动车组，驱动牵引电动机使电车运行。接触网是牵引网中的重要环节。

3）馈电线。馈电线是连接牵引变电所和接触网的导线，它把经牵引变电所变换成符合牵引制式用的电能馈送给接触网。

4）轨道。轨道在电力牵引时，除具有支撑和导向功能外，还完成导通回流的作用。

5）回流线。回流线是连接轨道和牵引变电所的导线，通过回流线把轨道中的回路电流导入牵引变电所。

（2）接触网的工作特点

1）没有备用。

无法采用备用措施，一旦接触网故障，整个供电区间全部停电，电车停运。

2）经常处于动态运行状态。

存在与受电器的机械作用，处于振动、摩擦、电弧和污染等动态运行状态中，使其发生故障的可能性较一般电力线路的概率高很多。

3）结构复杂，技术要求高。

对接触网导线的高度、拉力、定位器的坡度，接触网的弹性、均匀度都有定量的要求。

（3）对接触网的基本要求　接触网的工作状态是指接触线和电动车组受电弓（或受流器）滑板的接触和导电情况，两者应保持一定的接触压力。

1）接触网悬挂应弹性均匀、高度一致，在高速行车和恶劣的气象条件下，能保证正常取流。

2）接触网结构要尽量简单，并保证在施工、运营及检修等方面具有充分的可靠性和灵活性。

3）接触网的寿命应尽量长，具有足够的耐磨性和抗腐蚀能力。

4）接触网的建设应注意节约有色金属及其他贵重金属。

（4）接触网的简单分类　接触网分为架空式接触网和接触轨式接触网。架空式多用于城市地面或地下、铁路干线和工矿的电力牵引。接触轨式一般仅用于净空受限的地下电力牵引。我国的地铁轨道系统中，架空式和接触轨式的接触网均采用。

（5）接触网的供电方式　牵引变电所向接触网供电有两种方式：单边供电方式和双边供电方式。

1）单边供电。接触网通常在相邻两牵引变电所间的中央断开，将两牵引变电所之间两供电臂的接触网分为两个供电分区，每一供电分区的接触网只从一端的牵引变电所获得电流。

2）双边供电。如图 2-13 所示，中央断开处设置开关设备，可将两供电分区连通，此处称为分区亭（SP），将分区亭的开关闭合，则相邻牵引变电所间的两个接触网供电分区均可同时从两个变电所获得电流。

（6）接触网的电分段　电分段是在纵向或横向将接触网从电气连接上相互分开的装置。为了使接触网的供电安全、可靠和灵活，接触网在区间和车站之间、车辆段和区间之间以及一些特殊线路的始端，通常加设电分段。

在电分段处设隔离开关。需要分段时将隔离开关打开，不需要分段时将隔离开关闭合。

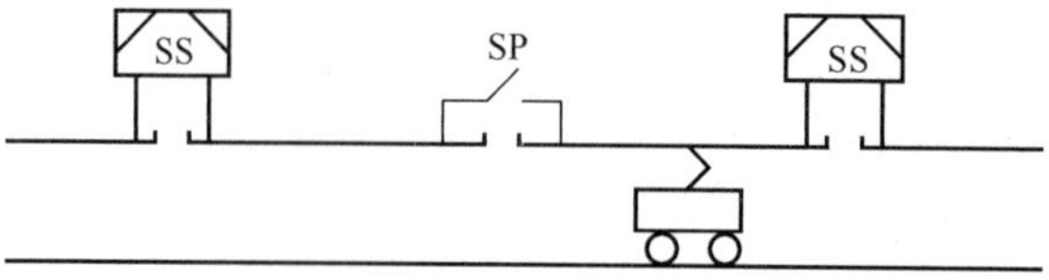

图 2-13　双边供电示意图

电分段通常采用分段绝缘器来实现。

（7）架空式接触网的机械分段

1）架空式接触悬挂的跨距、弛度和张力的概念。

跨距：固定架空式接触网接触悬挂的固定装置与固定装置之间的水平距离。

弛度：接触线在跨距中央位置与悬挂点水平连线的距离。

接触线的张力：接触线所受的拉力。

2）架空式接触网的机械分段（架空式接触网的机械分段是以锚段进行划分）。

锚段：接触网的架设，经过多个跨距以后必须在两个终端加以固定，称为下锚。下锚的支柱称为锚柱。锚段是将接触网沿线分成一定长度，并在结构上有独立机械稳定性的分段，采用它可以缩小发生事故时的范围并便于检修。

锚段关节：一个锚段和另一个锚段衔接的接触网悬挂结构。

由于现代有轨电车系统一般运行于城市道路中，普遍采用架空接触网系统。

2.8.2　架空接触网的组成和结构

架空式接触网由接触悬挂、支持装置、支柱和基础等几部分组成。

（1）接触悬挂

1）接触悬挂的作用和构成。接触悬挂是将电能传导给电动车组的供电设备，由承力索、接触线、吊弦、定位器、补偿装置、悬挂零件及中心锚结等元件构成。

2）接触悬挂的类型分为简单悬挂和链形悬挂两种。

简单悬挂如图 2-14 所示，由一根或几根相互平行的直接固定到支持装置上的接触线所组成的悬挂，一般用于车速较低的线路上。

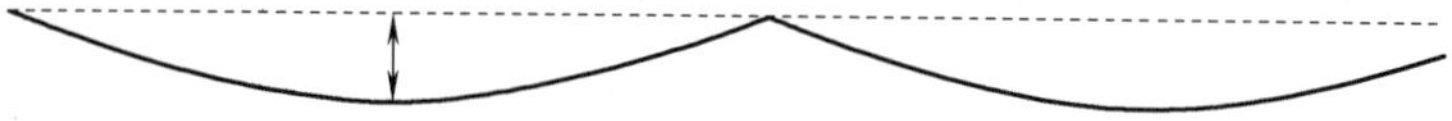

图 2-14　简单悬挂示意图

简单悬挂的特点：结构简单，支持装置和支柱的负荷较轻，支柱高度要求较低，所以较经济，施工、维护方便。缺点是弛度大，弹性不均匀造成由于受电弓上下追随速度和电动车组运行速度不协调而发生离线和冲击现象，所以不利于电动车组高速运行时对取流的要求。

对简单悬挂的改进可采用带弹性吊索的简单悬挂，如图 2-15 所示，即在悬挂点处加一个弹性吊索，从而改善了悬挂点处的弹性和运行状态，称为弹性简单接触悬挂。

弹性简单接触悬挂的特点：结构简单，支持装置和支柱的负荷较轻，支柱高度要求较低，所以经济，施工、维护方便，而且电动车组的运行速度可有所提高。

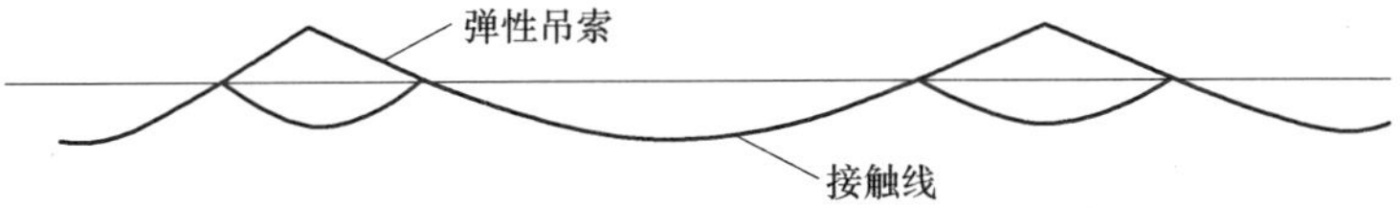

图 2-15　弹性简单悬挂示意图

链形悬挂如图 2-16 所示，接触线通过吊弦而悬挂到承力索上的悬挂称为链形悬挂。链形悬挂可以在某一温度下使接触线处于无驰度状态。

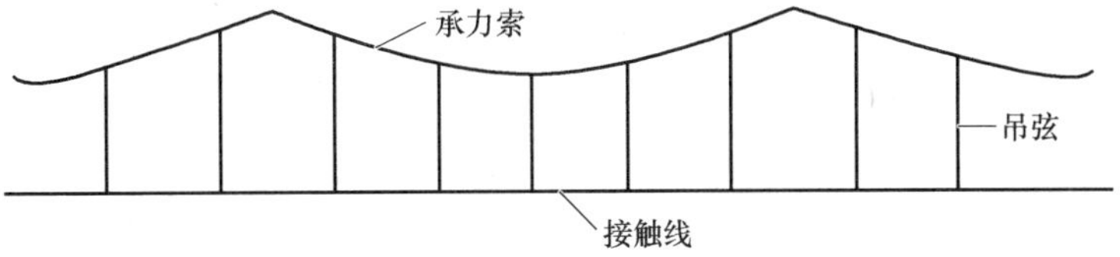

图 2-16　链形悬挂示意图

链形悬挂的特点：如图 2-17 所示，在不增加支柱情况下，增加悬挂点，调节吊弦可使在整个跨距内，接触线至轨面保持相等的高度，而且由于接触线悬挂在承力索上，所以基本消除了悬挂处的硬点，使接触悬挂的弹性在整个跨距内比较均匀，有利于电动车组高速运行时对取流的要求。缺点是结构复杂、投资大，施工和维护调整困难。

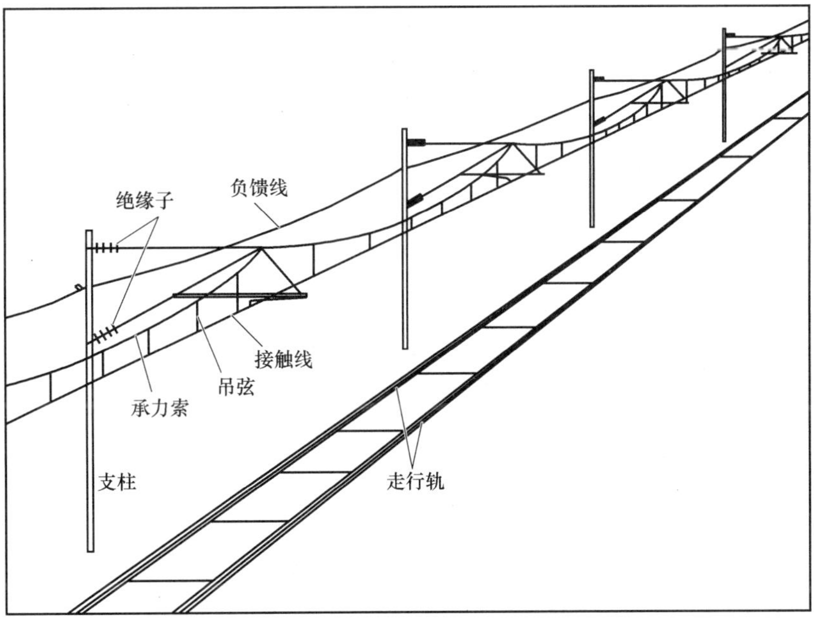

图 2-17　链形悬挂整体效果图

链形悬挂的分类：按悬挂的链数划分为单链形悬挂、双链形悬挂和多链形悬挂。

单链形悬挂（见图 2-18），又分为简单链形悬挂（见图 2-18a）和弹性链形悬挂（见图 2-18b），弹性链形悬挂使支柱处接触线的弹性得到改善，并使整个跨距弹性均匀。

双链形悬挂（见图 2-19），由接触线、承力索及一根辅助索组成的悬挂，又分为简单双链形悬挂（见图 2-19a）和弹性双链形悬挂（见图 2-19b）。由于多了一根辅助导线，其弹性更加趋于均匀。

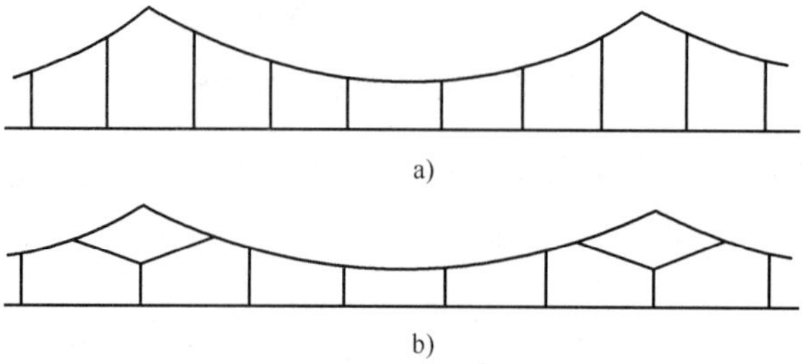

图 2-18　单链形悬挂示意图

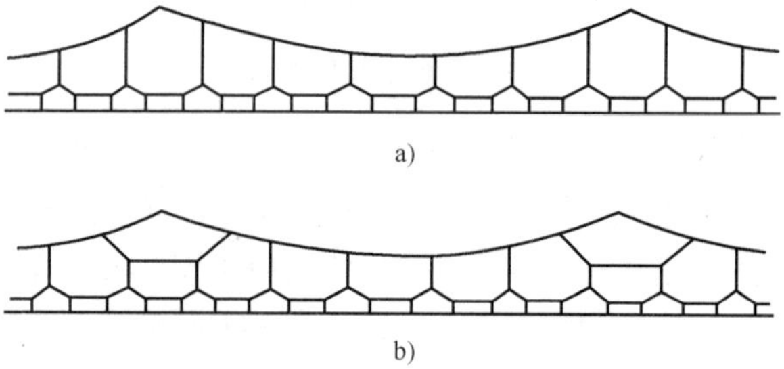

图 2-19　双链形悬挂示意图

3）接触悬挂的导线结构与类型。

承力索。承力索主要承受接触线的重力，所以承力索的材质要柔软，能承受较大的张力，温度变化时弛度变化要小，并具有一定的导电能力。承力索的结构一般为单芯式的多层绞线。

承力索按材质分主要有铜和钢两大类。由于地铁供电在电压损失、能耗和抗腐蚀等方面要求较高，所以铜承力索采用较多，铜承力索规格表见表 2-2。

表 2-2　铜承力索规格表

型号	截面积/mm^2	股数（个）和直径（mm）	计算直径/mm	有效电阻/Ω	单位重量/(g/m)
TJ-70	70	19 * 2.14	10.6	0.28	618
TJ-95	95	19 * 2.49	12.4	0.20	837
TJ-120	120	19 * 2.80	14.0	0.158	1058
TJ-150	150	19 * 3.15	15.8	0.123	1338

接触线（见图 2-20）。在运行中直接受电动车组受电弓的高速摩擦，要承受结构所需的张力，因此要求接触线具有良好的导电性能、耐磨性能、抗腐蚀性能及足够的机械强度。

铜接触线为最佳选择，还有钢铝接触线、铝合金接触线等。

铜接触线一般由硬拉电解铜制成，具有导电性好，强度和硬度高，耐腐蚀，施工维护方便等特点。目前多采用铜合金接触线。城轨中应用较多的是铜银合金接触线。

接触线的形状一般制成两侧带沟状。其截面的选择应满足供电计算所确定的需要通过的电流值。

4）接触悬挂的下锚方式。接触悬挂的下锚方式分为硬锚和张力补偿两种。

硬锚方式：将承力索或接触线两端通过绝缘子串固定在锚柱上。

张力补偿：在下锚处，通过加设张力自动调节装置进行下锚。

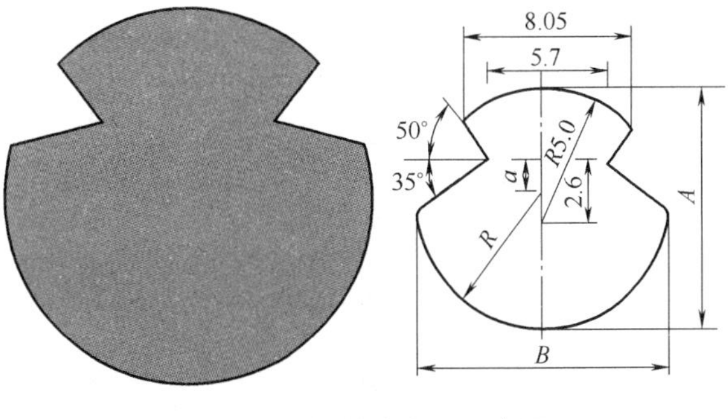

图 2-20　接触线剖面示意图

链形接触悬挂的下锚方式有如下四种情况：

① 未补偿链形接触悬挂。将所有的线索两端均做成硬锚方式，锚段内各跨距的承力索和接触线的张力和弛度随温度变化较大，性能较差，一般只在对接触线弹性要求较低时使用。

② 具有季节调整的链形接触悬挂。为了减小线索张力和弛度的变化范围，可在接触线的下锚处安装一个松紧调整螺丝，以便进行张力调整，通常春季和秋季各调整一次。

③ 半补偿链形接触悬挂。为了减少承力索和接触线的弛度随温度的变化，根据张力和弛度的关系，在锚柱上设置张力自动补偿器，只在接触线下锚端加设张力自动补偿器，承力索不补偿的称为半补偿链形接触悬挂，如图 2-21 所示。张力自动补偿器通常由滑轮、补偿线和坠砣组成。因为坠砣重量固定，因此可以使接触线在气温变化时保持张力不变。

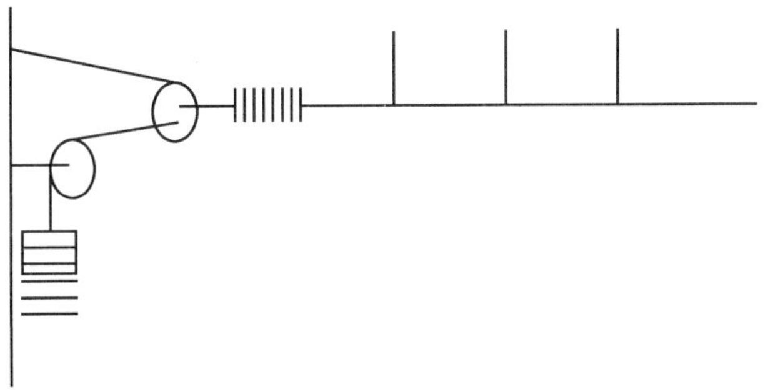

图 2-21　半补偿链形接触悬挂示意图

④ 全补偿链形接触悬挂。如图 2-22 所示，全部线索（接触线、承力索和辅助索等）在下锚端均安装张力自动补偿装置，在温度和负载变化时，各线索的张力保持不变，具有良好的运行条件。

在温度变化时，线索的弛度得到良好的补偿，但当冰负载过大时，承力索弛度加大，补偿器上升，在达到某个数值时，补偿器不工作，这时承力索处于硬锚状态，不致使接触线弛度过大。

（2）支持与固定装置　支持装置与固定装置是用来支持悬挂，并将悬挂的负载传递给支柱。

1）隧道内的支持与固定装置。如图 2-23 所示，隧道内的支持与固定装置主要考虑到隧道的断面尺寸限制，为减小隧道的净空间，在隧道内采用“人”字形结构和“T”字形结

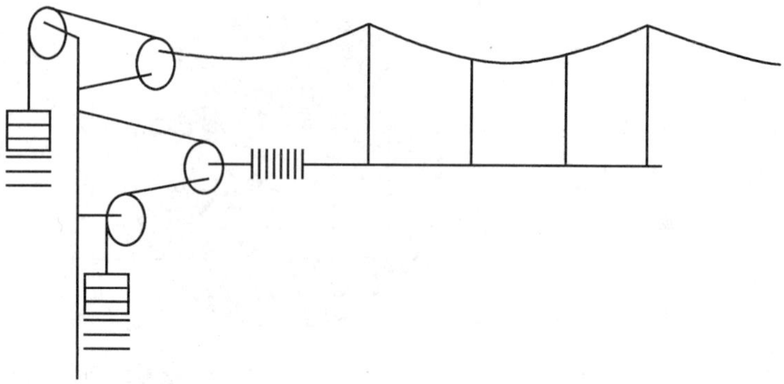

图 2-22　全补偿链形接触悬挂示意图

构，以及弹性支架。

2）露天区间的支持与固定装置。如图 2-24 所示，在地面及空间较大时，区间接触网的支持与固定装置通常采用腕臂结构。腕臂结构由腕臂、拉杆、定位装置和绝缘子等组成。腕臂将接触网悬挂到一根支柱上，每一根腕臂由伸臂和拉杆组成，按结构可分为带拉杆的水平腕臂、带斜撑的水平腕臂和带拉杆的斜腕臂。

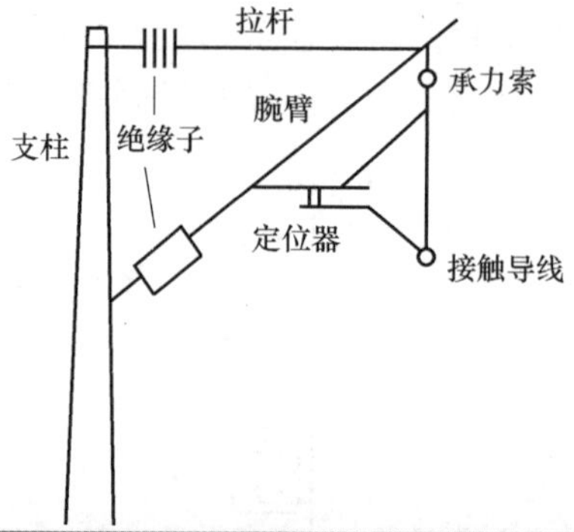

图 2-23　隧道内的支持与固定装置

图 2-24　露天区间的支持与固定装置

3）定位装置。对接触线的定位是通过定位装置来实现，定位装置安装在支持装置上，一般每一根支柱上均有定位点。定位分为正定位和反定位。

定位装置由定位管和定位器组成，定位器通过定位线夹把接触线按要求固定在一定的位置上，并承受接触线的水平力。定位器是通过定位管连接在绝缘腕臂上。

4）软横跨和硬横跨。在多股道上，支持装置一般采用软横跨，也有个别地方采用硬横跨。在股道多的地方（3 股以上），由于股道间距离小而不能立柱，不能采用单线路腕臂或双线路腕臂，或者虽能立柱，但支柱多，影响行车和作业人员瞭望信号，既浪费又不美观，因而，采用软横跨或硬横跨支持装置。

软横跨由横跨多股股道的两个支柱、横向承力索、上部定位绳以及下部定位绳组成。软横跨跨越的股道数量有一定限制，过多势必造成支柱很高及容量要求很大，并且会扩大事故范围。因此，在超过八股道的站场将软横跨设置成两跨式。

硬横跨以金属桁架（钢梁）架设在线路两侧支柱顶上（钢柱或钢筋混凝土柱），其下用悬式绝缘子串以悬挂承力索，以下部定位绳来连接定位器，如图 2-25 所示。

图 2-25　硬横跨线路示意图

除悬挂承力索部分改为硬横梁之外，下部定位绳及定位与软横跨相同。硬横跨一般只适用于 3 ~4 股道的场合。因为其结构要求支柱高度较低，容量要求小，所以，支柱小、较经济。但如果跨的股道多时，硬横梁因本身负荷的增加而笨重，且增加投资和浪费黑色金属，便不适用。在股道不太多的情况下，对软横跨和硬横跨要进行技术经济比较。

硬横跨的悬挂部分距接地部分（硬横梁）比较近，不利于在接触悬挂上进行带电作业，一般较少采用。但在某些特殊地段，如采用腕臂支柱或软横跨都不方便时，可以考虑采用硬横跨。

（3）支柱和基础　支柱和基础用以承受接触悬挂和支持装置所传递的负荷。

1）支柱。支柱可按其材料，支持装置的形式、用途以及负载条件进行分类。按支柱的材质分为钢柱和钢筋混凝土柱两种。

按支柱的作用分，在区间有中间支柱、锚柱、转换支柱及中心支柱几种；在站场、车辆段等处有软横跨柱、硬横跨柱和定位柱等。

根据支柱上的支持装置不同，支柱可以分为腕臂支柱、软横跨支柱、硬横跨支柱和定位支柱。另外，支柱还可以分为不带拉线支柱（自承载支柱）和带拉线支柱。若支柱地面上下两部分是一个整体，则被称为整体式（不能拆卸的）支柱；若这两部分在生产和安装过程中都是分别进行的，则被称为分离式（可拆卸的）支柱。

钢柱具有质量轻、强度高、抗碰撞和运输方便等优点。钢筋混凝土支柱由于造价低、节省钢材（约可节省70%）、维修简易和便于安装等，也日益得到广泛应用。目前采用的钢筋混凝土支柱中，以方型支柱为主，个别线路上采用了圆形支柱。区间接触网一般采用钢筋混凝土支柱，在特殊需要的地方采用钢柱。软横跨、地铁车库线等处一般采用钢柱。

根据支柱用途不同，其要求的支柱容量和允许的受力方向也不同。目前在接触网设计施工中采用的钢柱和预应力钢筋混凝土柱均有多种形式和规格。

2）基础。基础承受支柱所传递的力矩并传给土体，是起支持作用的。一般所谈的基础主要是指金属支柱的基础，至于钢筋混凝土支柱是它的地下部分代替了基础的作用。

接触网支柱的基础是直接埋置于土体中的。接触网悬挂及支柱的重力都是经过基础传递到土体中。因此，除了保证基础本身具有足够的强度外，还应保证基础具有足够的承载力和稳定性。

配合不同的支柱类型及土壤性质，有不同的基础类型以适应不同悬挂的受力要求。常用的基础按外形分可以有多种类型，如工字形、锥形、单阶梯形和多阶梯形。

必须指出，以上所述的支柱和基础是以地面线路为对象的。对于城市轨道交通的高架或地下区段线路，因线路结构不同，其形式可以完全不同，但考虑问题的原则是相似的。

接触网的张力和弛度调整方式如下：

在不同的稳定温度条件下，得到张力和弛度的一组数据，以保证不同安装时刻的要求，这样所得到的一组数值用曲线或图表的形式给出，即安装曲线和安装曲线表。

在进行接触网的安装和维护过程中，要使用安装曲线对悬挂线索的张力与弛度等参数进行调整。

接触网的主要设计原则如下：

1）接触网系统应满足本工程行车最高速度70km/h的要求，安全可靠地向车辆供电。

2）接触网其结构形式力求简单、轻型，稳定性好，便于安装。

3）接触网设备及零部件要技术先进、安全可靠、耐腐蚀性好，做到不维修或少维修。关键零件采用强度高、性能好的模锻或精铸金属零件。

4）接触网形式应力求美观，减少对城市景观的影响。

5）侧面限界要满足限界要求，地上段支柱一般情况不小于2250mm。

6）跨距。正线、出入段线及试车线应根据曲线半径、最大风速等因素确定，一般直线不大于60m，困难情况下不大于65m。车辆段、停车场一般不大于35m。

7）锚段长度。柔性悬挂锚段长度一般不大于1500m，架空地线锚段长度一般不大于2000m。

8）接地保护。全线贯通的接地线作为接地保护，接触网所有金属底座与架空地线应有可靠的电气连接。

车辆段、停车场内的成排支柱设置架空地线，零散支柱通过跳线或电缆与架空地线相连。

9）电分段及隔离开关的设置。

① 有牵引变电所的车站设置电分段，采用三跨绝缘锚段关节形式，电分段处设置电动隔离开关。

② 车辆段及停车场内不同供电分区设置电分段，电分段处设置隔离开关。

③ 正线间的渡线、折返线、存车线及车辆停放线设置电分段，电分段采用分段绝缘器，

电分段处根据要求设置隔离开关。

④ 车辆段及停车场库线根据机务要求设置电分段，电分段处设置带接地刀闸的手动隔离开关。

⑤ 出入段线与正线间、联络线与正线间设置电分段。

10）回流设置。在有牵引变电所的车站及车辆段，回流电缆经过回流箱将钢轨与牵引变电所负极柜相连，构成牵引回流通路。

11）防雷保护。接触网在牵引变电所 DC750V 馈线上网处应设置避雷器，空旷的地面与高架桥区段接触网应每隔 500m 设置避雷器。接触网上、下行应分别设置全线贯通的架空地线，架空地线应每隔 200m 设置放电间隙。强雷区的架空地线宜抬高兼作避雷线。避雷器、放电间隙的工频接地电阻应不大于 10Ω。

12）支柱防护。对易受其他机动车辆损伤的支柱，应采取必要的防护措施，站台处支柱增加绝缘护套。

13）限界门。平交道口应尽量设置限界门。

14）接触网过路口处的解决方案。在路口处，仍架设接触网，车辆无需提供特殊功能。考虑路口的宽度可以通过特殊设计接触网悬挂结构或适当减少接触网线材最大限度的优化设计，尽量减少对城市景观性的破坏。必要时，可以采用无接触网设计方案。

2.8.3　接触轨式接触网

在地铁工程领域，由于受制于车辆行车环境空间限制，不具备在地铁隧道中架设架空接触网的条件，普遍采用接触轨式接触网。

接触轨是沿电牵引线路敷设的与走行轨道平行的附加轨，称为第三轨，通过它将电能输送给电动车组。接触轨由具有高导电率的特殊软钢制成，电动车组伸出的受流器与之接触而取得电能。

接触轨式接触网用电电压一般在 600 ~ 825V，对于地下铁道，主要采用设于轨道一侧的接触轨，这种第三轨受电，不需要像架空线那样增大隧道尺寸。

接触轨可以有三种布置方式：上磨式、下磨式和侧面接触式。

（1）上磨式　接触轨装在专用绝缘子上，底朝下。取流时，接触靴自上压向接触轨。上磨式的接触力由弹簧支座特性来控制，其特点是接触轨固定方便，受流平稳，能减少在间隙和道岔处的电流冲击，但不易加防护罩。

（2）下磨式　接触轨底朝上，固定在绝缘子上，并由固定在枕木上的弓形肩架予以支持。下磨式的特点是可以加防护罩，对工作人员较为安全，但安装结构复杂，费用高，在经常冰冻和下雪而造成集电困难的地区普遍应用。

表 2-3 为上磨式和下磨式接触轨对比说明。

（3）侧面接触式　侧面接触式在工作上与上磨式相似。接触轨为高导电率钢制成的特殊断面的钢轨。接触轨通过的地方要设置工作人员使用的人行道，在其余地点，必须考虑设置保护木板或其他合适材料的保护板，以防不注意触电。在所有车站，接触轨总是设在远离站台轨道的一边，以减少乘客可能摔落在轨道上触电。在线路露天地段，要沿线用木板保护起来，以减少散落物引起电路短路。

表 2-3　上磨式和下磨式接触轨对比说明

接触轨受流方式		上部受流	下部受流
安装方式示意	绝缘子固定方式	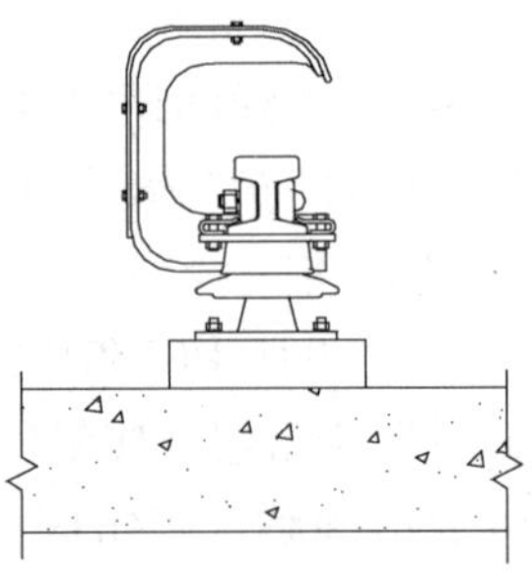	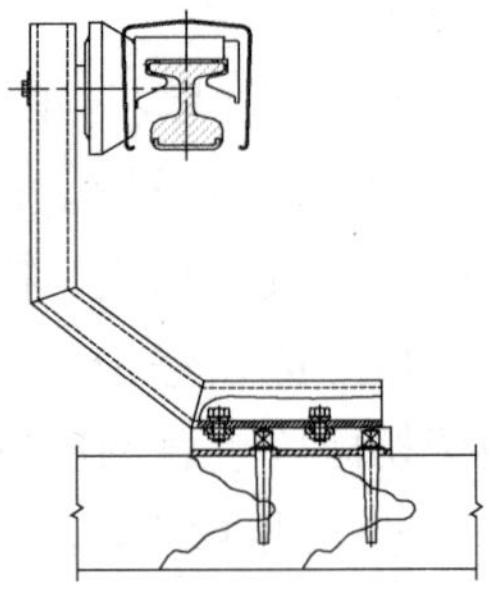
	整体绝缘固定方式	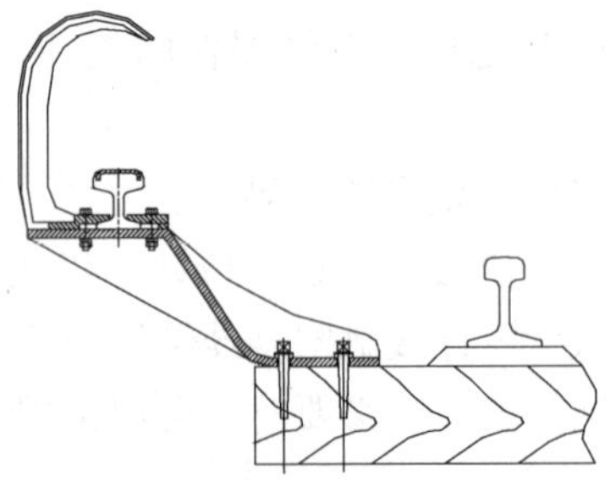	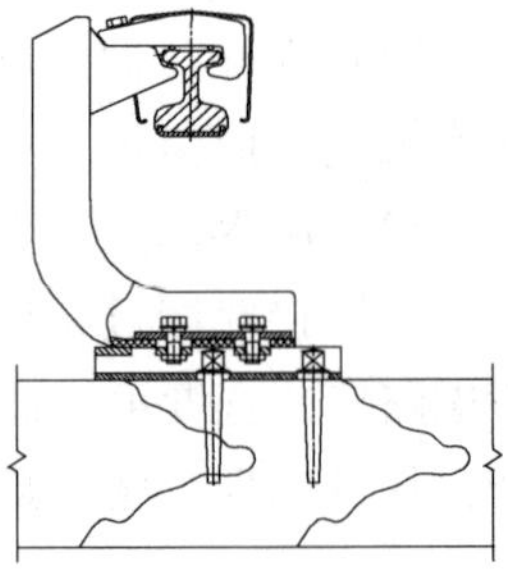
接触轨系统组成	绝缘子固定方式	由底座、绝缘子、接触轨及保护罩组成	由底座、钢支架、绝缘子、接触轨及保护罩组成
	整体绝缘固定方式	由底座、绝缘支架、接触轨及保护罩组成	由底座、绝缘支架、接触轨及保护罩组成

在结构上，由于考虑到接触轨的热胀冷缩和电气上的分段，各轨节的连接有三种形式：正常接头、温度接头和绝缘接头。

1）正常接头。在正常接头处，两轨端紧密接合，并用鱼尾板连接。

2）温度接头。在温度接头处，轨端留一空隙，其大小视温差不同而定。轨头上的鱼尾板用螺栓只固定在一边的钢轨上，而另一端的钢轨自由地放在鱼尾板中间，当接触轨随温度发生长度变化时，它可以在鱼尾板内自由移动。为了保证电气方面的良好接触，在温度接头处用软裸铜线做的连接器加以连接。温度接头在地下铁道的接触轨中，每隔 100m 设一个。

3）绝缘接头。在绝缘接头处，是用掬木鱼尾板紧扣轨端，而轨端的空隙留 50mm。除了以上接触轨形式之外，20 世纪 80 年代加拿大首先建成的空中列车（因其线路大部分为高架线而得名）采用了线性感应电动机，其供电电压为直流 600V，经架设在走行轨一侧的上、下两根相互绝缘的接触轨供电，再经动车内的逆变器将直流变成可变频调压的交流电送到线性感应电动机上。常规感应电动机的转子此时变成固定铺设在两根走行轨之间的转子感应轨（实际为钢或铝板），而定子也为展开式的绕组固定在有轮对的转向架上。当电动机通电后，因转子感应轨不能移动，代之就是定子（车子）移动了。

以上受电形式有两个特点，一是两根接触轨一正一负对地均绝缘。这样，当有一接触轨绝缘损坏接地时，供电系统仍旧可以正常运行不发生短路故障，因为两根接触轨都对地绝缘，所以正常运行时也没有迷流腐蚀的问题。另外一个特点就是在两根走行轨之间要铺设线性感应电动机的转子感应轨，感应轨金属板表面与定子绕组板间仅有毫米级的距离，技术上是很复杂的。侧面接触轨工程应用图如图 2-26 所示。

图 2-26　侧面接触轨工程应用图

在较早期修建的城市地铁和轻轨工程中，主要采用了接触轨上部受流方式，如北美和英国等城市地铁。自 20 世纪 80 年代开始，在德国、马来西亚、泰国和新加坡等国家城市轨道交通中开始采用接触轨下部受流方式。接触轨侧面受流方式主要应用在加拿大、日本等国家城市轨道交通中。我国北京地铁环线、天津地铁一号线和北京地铁五号线选用了接触轨上部受流方式，武汉轻轨一期工程及广州地铁四号线（大学城专线）、广州地铁五号线采用了钢铝复合接触轨的下部受流方式。

2.9　供电节能设计

能源是国民经济和社会发展的重要物质基础，是人类可持续发展的宝贵资源，世界各国在发展经济的同时，越来越重视节约能源。

鉴于我国的能源分布不均匀且长期处于能源缺乏的状况下，目前我国的人均能源资源占有量不到世界平均水平的一半，而我国的人均能源消耗量却位居世界第二位，约占世界能源消耗总量的 11%。我国的标准煤单位产出效率也仅相当于日本的 10.3%，欧盟的 16.8%，美国的 28.6%。能源浪费现象十分严重，这使得我国的工业产品成本过高，市场竞争力偏低。因此必须把节能作为轨道交通建设的主要措施，在大力挖掘节能潜力的基础上，进一步提高能源利用率，从而使国民经济和社会发展得以保障。

2.9.1　节能概述

现代有轨电车系统相对于城市其他公共交通工具而言，具有安全舒适、快速环保、运力大和能源消耗少的特点，因此得到了快速推广和发展。按照同等原理比较，现代有轨电车交通方式仅相当于小汽车的 1/9，公交车的 1/3，而且占地小，建设成本低。因此，选用现代有轨电车交通方式作为城市公共交通的主要形式，这种选择就具有重要的节能意义，有利于建设资源节约型、环境友好型社会。

供电系统在城市交通系统中，担负着为电车及各种动力照明设备提供电源的任务，供电系统方案及供电设备选择的合理性，直接影响城市轨道交通节能效果，具有极其重要的作用，因而本章节主要介绍的节能设计，包括变电所设置和变压器容量确定、中压网络电压等级选择、无功功率补偿及设备选型等方面，并重点介绍车辆再生制动能量吸收利用的节能措施。

有轨电车交通系统的能耗主要包括电车牵引制动、车站动力照明和车辆基地检修设备运转等部分，而且主要为电力消耗。总消耗中，车辆运行能耗占项目总能耗的大部分。因此，从节能的角度考虑，有轨电车交通系统的节能重点应是合理的车辆运行及调度。

2.9.2 供电系统设计与节能

为解决日益紧张的城市交通问题，国家和各地方政府大力发展城市轨道交通，倡导绿色、低碳交通，以实现降低能耗、减少碳排放的目标。城市轨道交通系统主要包含车站、运营车辆、车辆段设备和维护车辆等几大部分。下面分析一下目前我国城市轨道交通系统的碳排放和能耗现状。

（1）按照系统主要功能部件分析　供电系统的节能问题不是孤立的，它贯彻在设计、建设和运营的各个环节，简述如下。

1）主变电所的设置。合理设置主变电所，最好选在两条线交汇点并尽量靠近线路，既能实现资源共享，又能达到节能的效果。同时，结合城轨线网规划及供电网络规划应尽量减少主变电所数量，减少主变电所设备损耗。

2）主变压器容量的确定。主变电所一般设两台主变压器，需要合理确定主变压器的容量，其负载率应为70%，使主变压器高效运行，降低损耗，取得节能效果。

3）中压网络电压等级选择。根据用电负荷及供电距离，需要合理确定中压网络电压等级。中压网络的电压等级越高，线路损耗越小，但电压等级的提高会使设备造价增加，工程建设投资加大。目前国内城市轨道交通中压网络有10kV和35kV两种。但是应用在现代有轨电车领域的中压网络普遍采用10kV。

4）系统电缆选择。合理确定系统电缆截面，减少中压网络的线路损耗，也可达到节能的效果。按经济电流选择电缆截面，会减少35%～42%的线路损耗。结合中压电缆使用寿命和近、远期之间的项目周期，按照远期负荷进行计算与选择，这样也可减少全生命周期电缆的二次投资问题。

5）牵引变电所的设置及容量确定。合理设置牵引变电所，也可达到节能的目的。在牵引变电所设计时，应尽量保持牵引变电所两套牵引整流机组的负载平衡。选择牵引变电所、接触网的合理运行方式，正常运行情况下，采用双机组运行、双边供电方式，可以减少牵引网的附加损耗。合理确定牵引变压器容量，其负载率为95%左右，使牵引变压器高效运行，并降低空载损耗。

6）牵引网的设置。尽量采用双边供电或大双边供电，以减少牵引网损耗。合理选择牵引网系统的电压等级，可以减少牵引网系统损耗（即选择高等级电压制式）。合理选择牵引网材质和截面，对降低接触网的损耗也有较好的发展。

7）无功补偿和防止过补偿。供电系统设计中，需要考虑低压无功补偿，同时，也需要注意在电源端出现无功过补偿问题的出现。

（2）重点节能实施范围　结合实际工程应用，列举了以下几项重点节能实施范围。

1）电车再生制动能量。现代有轨电车系统作为城市基础设施中的用电大户，其电车牵引用电占其中很大一部分，电车牵引用电又分为电车驱动与电车制动两部分能耗。把电车再生制动电能充分利用起来会大大节省电能。

当车流密度较大时，电车进站再生制动时的能量可以被其他运行车辆（尤其是加速行驶车辆）吸收。当车流密度较小时，电车再生能量难以被运行车辆吸收，则需要通过技术形式转化储存，这在目前的技术条件下，还有一定的提升空间。详细的可利用能量为：

假设车辆的运行阻力为 F_w，制动初速度为 v，电车总质量为 m，则产生的制动能量计算公式如下：

$$E = mv^2/2 - F_w * S$$

式中　E——产生的制动能量；

S——车辆的制动距离。

车辆制动时初速度越大所产生的制动能量也越大。在实际运营期间，也需要结合优化的调度管理来提升回馈制动能量的利用率。

2）线路。尽管在电车不同的限速条件下运行，却都表现出大致相同的节能规律。经仿真计算分析可知：

当曲线半径达到 500m 以上时，电车能耗接近相同距离的无曲线运行能耗。

当曲线半径低于 300m 时，有较为明显的能量耗费，尤其在半径 100m 处，经计算得各限速条件下的能耗分别比无曲线运行能耗增加 34%（限速 40km/h），18%（限速 50km/h），12%（限速 60km/h）。

同样可以分析，在不同站间距（1km、2km、3km）设置节能坡（200m 坡道长、40‰坡度）后，为了节省能耗，同时又要满足区间运行时间的限制，需要提高电车的运行限速。以不设置节能坡并以 50km/h 限速运行为基础，考虑设置节能坡时，当站间距为 1km 时应将限速提高至 60km/h，而站间距为 2～3km 时，应将限速提高至 55km/h，才能在满足区间运行时间的条件下减小电车的能耗。

可见，在以无节能坡 50km/h 运行的基础上，在电车操纵方式不变的情况下，设置节能坡后一般将限速提高至 55km/h 和 60km/h 的时候能得到较为理想的节能和运行综合效果。

因此，可以通过采用大曲线半径、设置节能坡等措施来节省牵引耗电。

3）车辆及车辆段设备。根据上海、广州等中型城市地铁最新的能耗统计，地铁运营车辆的能耗大约占总能耗的 40%，主要是地铁车辆的牵引系统、辅助系统和控制及照明系统所消耗的能耗。

牵引系统能耗是指从直流电网（DC1500V 或 DC750V）获取的驱动车辆运行的能耗，一般占车辆总能耗的 60%～70%。

辅助系统能耗是指车辆空调通风、设备风机和空气压缩机等辅助设备所消耗的能耗，一般占车辆总能耗的 25%～30%。

控制及照明系统能耗是指控制设备及照明的能耗。控制设备及照明采用 DC110V，其所消耗的能耗一般约占车辆总能耗的 5%。

为了降低运营车辆的能耗，我们可以通过轻量化车体、采用变频变压控制（VVVF）的交流电动机调速方式、辅助电源系统采用静止逆变器和优化的车辆制动系统等措施来提升能源利用率，从而可以有效地节约能源。

车辆段设备及维护车辆包含检修维护设备（洗车机、架车机和天车等）和库内调车及线路供电检修车辆（国内全部是内燃机车），虽然能耗约占总能耗的 5%，但其直接排放却十分惊人。

以 1 台 441kW（600 马力）的地铁工程维护车辆为例，每年消耗燃油 60t，等效排放

CO_2 约 160t。目前国内各地铁公司共有各种大小的工程车数百台，每年的废气和碳排放的总量也十分可观。因此如何降低运营车辆的能耗是城市轨道交通车辆制造企业及城市轨道交通运营公司共同关注的课题。

4）车站。城市轨道交通系统一般每隔 1 ~1.5km 设置一个车站，车站可以设置在地下、地面和高架上。受我国城市土地资源的匮乏和既有道路和房屋难以拆迁的限制，绝大多数城市轨道交通车站修筑在地下。

地下车站的直接排放主要是进出乘客呼吸的 CO_2，间接排放的是空调通风、自动扶梯和照明所消耗的电能，尤其是后者所等效排放的 CO_2 数量十分巨大，远远超过前者。根据上海、广州等中型城市地铁最新的能耗统计，车站所消耗的能耗约占地铁总能耗的 55%，已远远超过运营车辆的能耗。因此，如何降低地铁车站的能耗已成为一个刻不容缓的问题。

以一个日均 10 万人出入的地下车站为例，每人在其中按停留 15min 计，仅排放约 3t 的 CO_2，但车站设备每日消耗电能可能高达 2 万 kW·h，等效于排放了 16t 的 CO_2，换算为年排放约 6000t 的 CO_2。

目前，国内最大的地铁车站是上海地铁的人民广场站，因其可换乘 1、2、8 号线，日均客流达 80 万人次，各线换乘客流约 40 万人次，每日电能消耗超过 10 万 kW·h，换算为年排放约 3 万 t 的 CO_2。

有效降低车站能耗的低碳技术有：采用自动感应电梯和具备再生反馈的电梯逆变器；采用变频调速的通风系统和屏蔽门，并根据人流和 CO_2 浓度自动调节新风和制冷量；采用 LED 高效节能照明等。如何降低车站的能耗是城市轨道交通运营公司十分关注的课题，本文受篇幅所限对此不做进一步阐述。

5）通风空调系统。设计过程中应尽量采用自然通风，并能够根据环境的变化自动启动或停止设备，减少不必要的能耗。采用有效的风管、冷媒管等保温措施，减少冷量运输能耗。采用变频节能空调替代定速空调，有利于电车运行用电的整体节能。采用变频节能空调后，可实现节能 30% 以上。

2.10 有轨电车与地铁和轻轨供电系统的差异分析

相比于地铁和轻轨列车，有轨电车作为地面交通，运营里程短、运量中等、用电负荷小，但作为一个公交系统，其供电可靠性依然不容忽视。因此，在工程设计中，往往考虑最恶劣运行工况下系统的供电能力和安全性。在轨道交通供电系统中一般考虑：远期运行高峰小时内，任意一座牵引变解列，相邻牵引变越区大双边供电，上下行行车密度最大，且电车均处于启动加速度状态的条件下各项供电指标是否合格，并以此作为供电方案调整的重要技术依据。

第 3 章 现代有轨电车新型供电技术

为了在地面上避免架空线供电，近年来国内外研究了多种新型供电技术，并取得了一定的成果。

3.1 基于特殊第三轨供电技术——APS 供电技术

3.1.1 APS 供电技术的发展历程

目前，基于特殊第三轨无接触网供电模式，主要包括阿尔斯通的 APS 技术和安萨尔多的 TramWave 两种技术。

20 世纪 90 年代，法国的波尔图决定建造一个有轨电车网，规模达到 43.5km，使用 74 辆有轨电车，并且规定在市中心区不允许架设架空线。第三轨是容易想到的非架空线供电方式，但是传统第三轨用于地面有轨电车供电时，行人会因接触地面第三轨而发生触电事故。芬兰科沃拉的 Innorail 曾花多年时间开发了一种特殊的第三轨系统，即 APS 系统（后被阿尔斯通收购），阿尔斯通 APS 系统通过改进第三轨受流模式，克服了地面行人的触电风险，系统主要构成如图 3-1 所示。

APS 在有轨电车轨道的中间增设一条中央轨，中央轨每 8m 增设一段 3m 的绝缘段，每 22m 由 750V 直流分段供电，只有当车辆通过时，由无线电控制的开关才使中央轨通电，安装在车底两个转向架的集电靴获得供电，车辆通过后，中央轨便不带电。车上装有蓄电池组，在通过绝缘段时可保持供电，当供电系统发生故障时，可保证电车不致停在关键地段（见图 3-1）。该系统碰到的问题是绝缘段的磨损每年达 1mm，与导电轨产生差异，经过采取补救措施，该问题已得到解决。此外，由于采用露天第三轨供电，在遇到雨雪天气时可能会涉及停运等问题。

阿尔斯通的报告称，波尔图使用 APS 的有轨电车已运行 600 万 km，每天运送 20 万人次，正点率达到 99%。导电轨的使用寿命预期与钢轨相同。电车的车底安装了刷子，可以扫除导电轨表面的杂质或垃圾。APS 可能无法实现制动能量的再生，这是一个至关重要的缺点。法国其他一些城市也考虑其新建有轨电车线路在中心区的范围分段采用 APS 系统。

阿尔斯通的 APS 系统是典型的特殊第三轨受流模式，供电系统结构如图 3-2 所示。系统采用间隔式第三轨模式进行供电，通过感应电车位置来控制断路器的开关状态，使得电车在位时从下方轨道上取电，而无电车行使的轨道处于无电状态，实现取消接触网的目标。这种

图 3-1　波尔图 APS 有轨电车及路面下供电

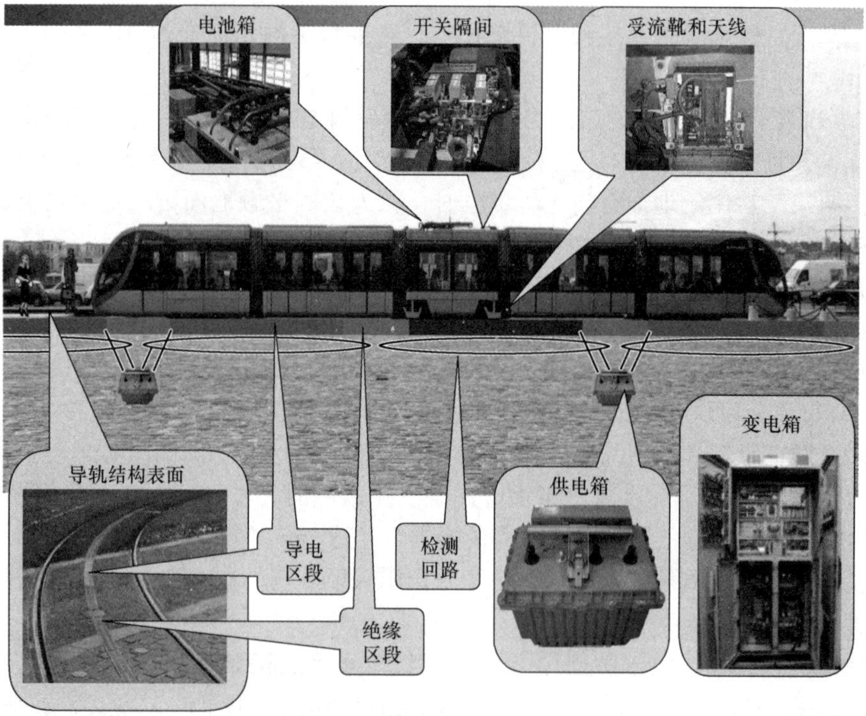

图 3-2　APS 供电系统结构

无接触网供电方式属于特殊的开关控制式第三轨供电方案，实质上还是接触式供电。

此系统的运行方式如图 3-1 所示，在地下埋有电缆以供电，每两段由一个电力箱供电，运行线路上每 2 段 8m 接触线中间有 3m 绝缘段，接触线采用直流 750V 供电。并且电车通过合理有效的控制，供电激活命令采用无线通信协议，保证当车辆通过时才能供电，不供电时保持接地，确保路人的安全。

3.1.2　APS 系统的基本构成

（1）电车受电靴　电车受电靴安装在电车底部，用于与地面第三轨接触受电，一般由两个受电靴构成。为保证电车能够连续受电，应该避免两个受电靴同时落入绝缘段，即保证至少有一个受电靴受电。基于以上连续受电的要求，两个受电靴的距离应同时满足如下条件：

$$L_{绝缘段} < L_{受电靴} < L_{导电段}$$

其中，$L_{绝缘段}$表示第三轨绝缘段长度；$L_{受电靴}$表示两个受电靴距离；$L_{导电段}$表示第三轨导电段长度。

（2）分段第三轨　第三轨由绝缘段和导电段相互间隔构成，相邻的两个导电段接入一个配电开关控制柜。为避免行人触电，导电段必须始终保持被电车车身长度所覆盖，导电段和绝缘段的设计应满足电车车身长度应至少大于 2 个绝缘段与 2 个导电段长度之和，即

$$L_{车} > 2(L_{导电段} + L_{绝缘段})$$

其中，$L_{车}$ 表示车身长度，$L_{绝缘段}$表示第三轨绝缘段长度，$L_{导电段}$表示第三轨导电段长度。

（3）开关控制柜　开关控制柜由直流开关及其控制系统构成，使导电轨的受电与失电按照一定逻辑进行控制。开关控制柜安装在轨旁或两走行轨之间。开关控制柜的作用主要包括：控制导电段的失电和带电，在导电轨短路时及时切断导电轨。

（4）直流电缆　直流电缆沿轨道铺设，开关控制柜并联接在沿线电缆上，直流电缆通过直流牵引变电所馈出。

（5）信号控制系统　信号系统通过检测电车位置，将电车位置信息传递给开关控制柜，以确定导电段的开通与关断。信号控制系统的主要原则：应保证不被电车完全覆盖的导电段始终处于关断失电状态，防止控制开关误触发，以保证行人安全。

（6）车载储能系统　当第三轨中的导电轨供电出现故障时，为了避免电车掉入无电区，以及实现电车上关键设备的供电保障，在车上还应设置储能装置，可选择的储能介质包括：超级电容器和动力电池。车载储能系统的容量设计应综合考虑电车掉入无电区的大电流启动、车载控制系统等关键设备的供电需求、运行至非故障区段所需的牵引能量等因素。

3.1.3　APS 系统的运行原理

（1）状态一　导电段 A 通电，机车通过两个集电靴受电，走行轨回流，导电段 B、C 和 D 均无电，如图 3-3 所示。

（2）状态二　电车前的集电靴进入导电段 A 和 B 之间的绝缘段，电车通过后面的集电靴受电，此时导电段 B、C 以及 D 无电，如图 3-4 所示。

（3）状态三　导电段 B 检测到电车，与导电段 A 一起供电，导电段 C 和 D 无电，如图 3-5所示。

（4）状态四　电车后部集电靴进入导电段 A 与 B 之间的绝缘段时，导电段 A 无法检测到电车，此时导电段 A 停止供电。导电段 B 通过电车前部集电靴向电车供电。导电段 A、C 和 D 均无电，如图 3-6 所示。

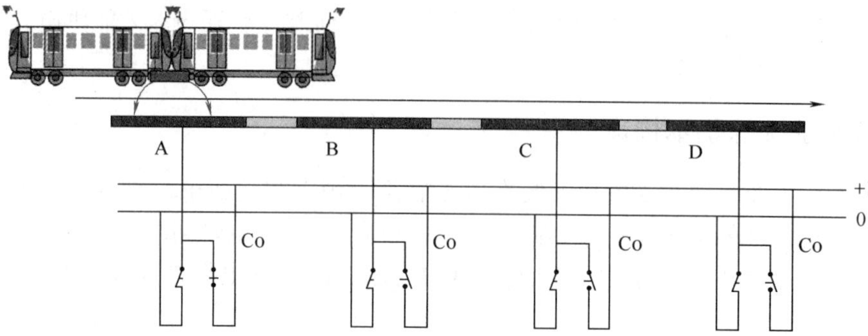

图 3-3　APS 系统运行原理状态一

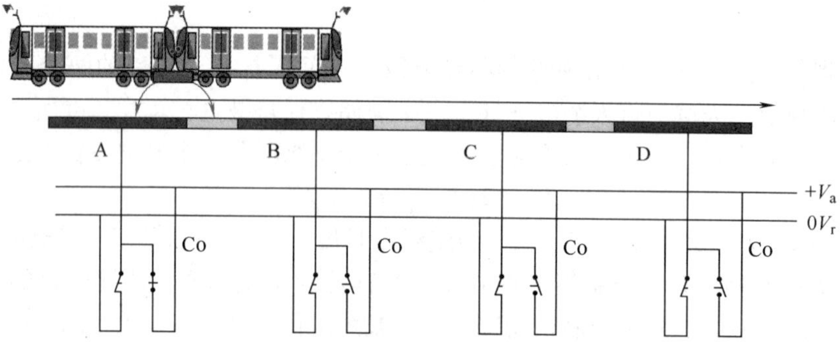

图 3-4　APS 系统运行原理状态二

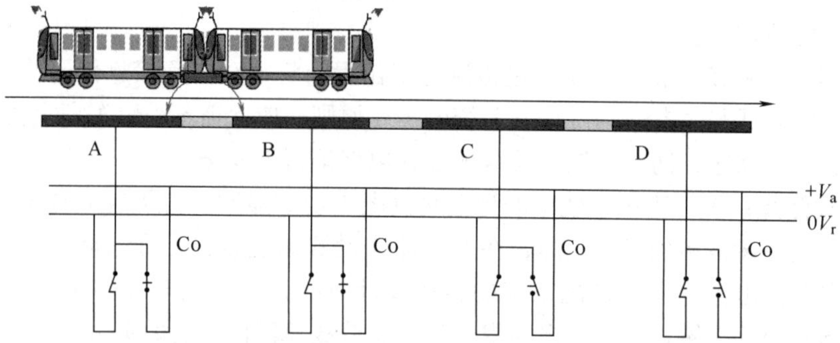

图 3-5　APS 系统运行原理状态三

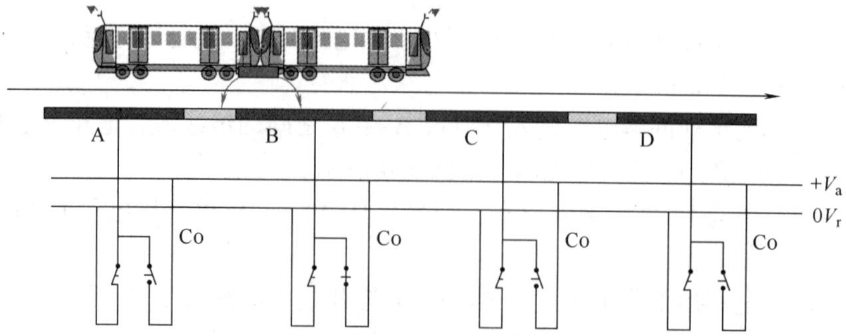

图 3-6　APS 系统运行原理状态四

3.1.4　APS 特殊第三轨设计制造技术

APS 系统采用第三轨受流，与传统第三轨结构显著不同（见图 3-7），传统第三轨架设在无人行走的隧道或高架桥上，APS 系统第三轨则具有如下特点。

图 3-7　APS 第三轨系统结构

（1）APS 系统走行轨不宜作为回流路径　如果采用走行轨回流，由于有轨电车一般是非封闭，不具有独立路权，外部异物容易使有轨电车回流走行轨和供电第三轨发生短路故障，这就要求第三轨具有受流和回流两重功能，并应保证受流和回流部分绝缘满足要求，这一要求增加了设计和制造难度，对轨道的维护也提出了更高的要求。

（2）第三轨的平顺性要求高　出于视觉美观角度和行人走行方便考虑，第三轨应该与地面基本平行，受电靴为避免和地面直接接触，要求第三轨与受电弓之间具有良好的平顺性，对第三轨的铺设提出了较高要求。

（3）对第三轨的绝缘和清洁度要求高　第三轨供电与地的绝缘要求高，并应保持路面足够的清洁度以避免导电体杂物使供电轨和走行轨及回流部分发生短路。

3.1.5　直流开关柜及其控制技术

直流开关柜及其控制是第三轨的核心，它用以保证在电车所覆盖区域下的导电轨的通电状态，以充分保障第三轨受流的可用性和安全性。直流开关柜包含两大核心技术：开关技术和控制技术。

（1）开关技术　既有公开的文献并未报道直流开关柜采用何种开关技术。从现有技术上看，可能采用的开关技术包含机械式直流开关、电子式晶闸管开关。机械式直流开关应用较广泛，但不适合频繁开断，难以适应 APS 系统频繁开断的要求。大功率的电子式晶闸管开关在城市轨道交通领域的应用较少，需要重新进行系统设计和研究。

（2）控制技术　开关的关断状态需与电车位置信息匹配。其中阿尔斯通 APS 采用的是基于无线信号触发开关的技术。其具体技术原理未见文献报道，根据既有技术条件，可能采用的方式是通过在受电靴处安装无线发射器，在每个开关柜处安装应答器，当受电靴经过导电轨时，触发所在区域开关柜的应答器，使得开关进行关和断的动作。该方式要求无线发射系统的覆盖区域和导电轨控制器之间既要有特定的传输协议，又需要考虑无线发生器的信号覆盖范围。直流开关柜与电车的信号交互尚需进一步研究。

3.1.6　受电靴受流技术

如图 3-3 ~ 图 3-6 所示，两个受电靴会在绝缘段和导电段之间进行切换，这种切换类似于过分相。受电靴的受流技术需要重点研究两个受电靴与牵引系统的匹配机制问题，关键的机制问题至少包含如下内容。

（1）两个受电靴在电气上是并联关系　牵引系统由该两个受电靴同时供电，至少有一个受电靴是带电运行的，可保证牵引系统始终处于带电运行状态。该模式下的问题是受电靴在绝缘段和导电段之间切换时，受电靴是带电切换，可产生拉弧，这对受电靴和轨道影响甚大。

（2）两个受电靴是独立关系　每个受电靴对应独立的牵引系统。其中一个受电靴需要在导电段和绝缘段切换时，封锁该变流器脉冲，使得该受电靴处于空载状态下切换，可以避免电弧产生，对受电靴及其轨道是有利的。该模式带来的问题是在受电靴切换时，只有一半的牵引力发挥，如果保证该牵引力全力发挥，应采用车载储能系统供电。该模式下需要频繁启停牵引系统或需要控制牵引系统和储能系统配合，其运行机制会更加复杂。APS 的受电靴受流机制需要进一步深化研究，这是 APS 的核心技术之一。

3.1.7　再生制动方式

在 APS 系统中，牵引制动系统需要配合直流开关柜开关模式、受电靴连接及其运行模式和车载储能系统。因此，APS 系统中的牵引制动模式更加复杂。其复杂性主要体现在如下方面。

（1）再生制动与直流开关模式的匹配　直流开关采用机械开关还是电子式晶闸管开关与电车的制动具有相关性。在采用电子式晶闸管开关时，再生制动能量反馈需要电流反相流动，因此需要并联反向晶闸管开关，并在再生制动时触发反相晶闸管开关，该模式导致触发信号需反映牵引系统的运行工况，增加了系统控制的复杂性。为避免晶闸管模式的缺点，可以采用机械式直流开关，但机械式直流开关又有明显的缺陷。

（2）车载系统储能控制　如上所述，为避免再生制动能量反馈所带来的问题，需在车上安装储能系统吸收再生制动能量和保障电车供电的稳定性，充当供电系统系统故障时的应急电源。由于再生制动能量较大，充电电流大，其储能系统宜采用超级电容器作为储能介质，并应该按照再生充电电流最大值设计，阿尔斯通所采用的超级电容器如图 3-8 所示。

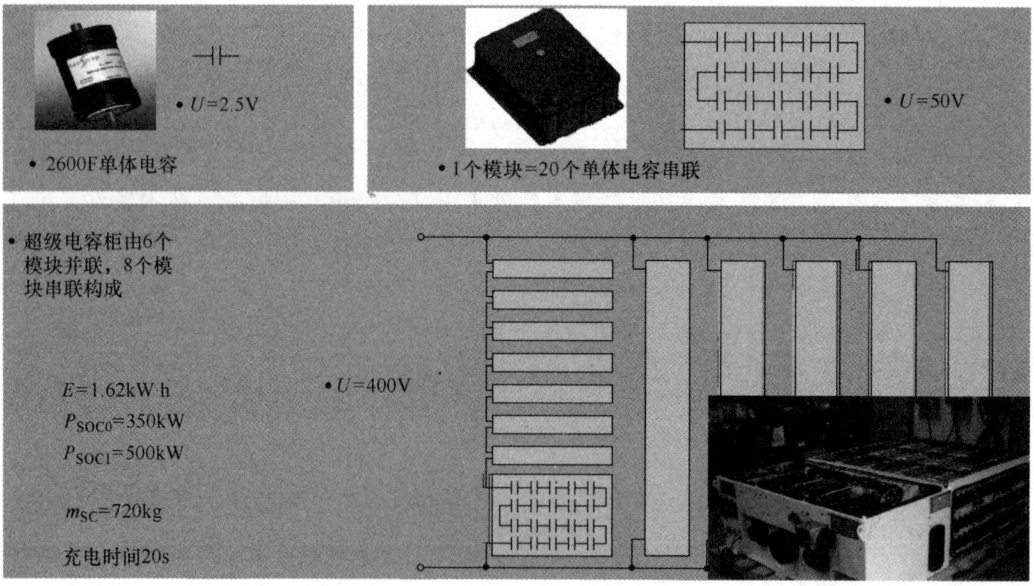

图 3-8　车载超级电容器储能系统

3.2 基于特殊第三轨供电技术——TramWave 供电技术

3.2.1 TramWave 供电技术的发展历程

TramWave 地面供电系统是安萨尔多公司的专利技术。该技术于 1998 年完成第一个原型开发，2000 年第一个试验工程完成，2000 年完成了车辆的第一次测试。在那不勒斯的安萨尔多工厂修建了 400m 长的 TramWave 线轨道，配合一辆安装了 TramWave 集电靴的“SIRIO”机车开展了一系列基于线路和集电靴的试验，如图 3-9 和图 3-10 所示。我国大连机车车辆有限公司从安萨尔多公司引进了该技术，2016 年在珠海现代有轨电车 1 号线上运行，实现了 TramWave 技术在全球范围内的第一次商业使用，如图 3-11 所示。

图 3-9 TramWave 试验线

图 3-10 TramWave 运行效果

TramWave 地面供电系统采用独特的自然磁力相吸技术。安装在车辆转向架上的受电靴（见图 3-12）与地面模块（见图 3-13）内的柔性导电排都装有永磁材料，当受电靴经过模块供电节表面时，模块内的柔性导电排受磁力吸引上升，导通供电电源正极，模块表面带电，受电靴通过与模块表面接触将高压电引入车内。当受电靴离开模块供电节表面后，柔性导电排受重力作用，回落到安全负极相接触的位置，模块表面失电，并保证模块供电节表面与安全负极相连，以确保行人的人身安全。

图 3-11 珠海 TramWave 有轨电车

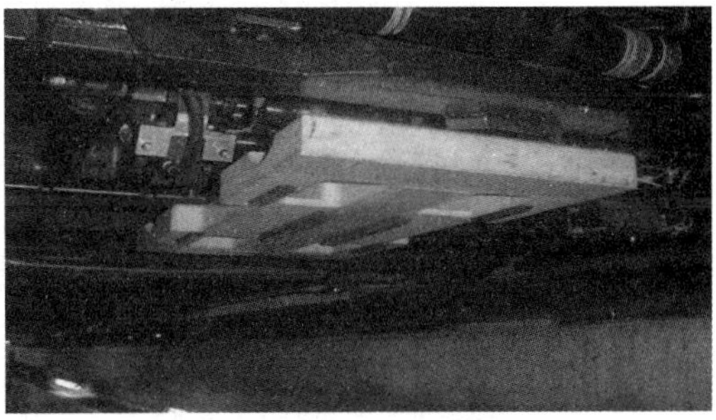

图 3-12 车底的磁性受流器

系统采用嵌入式模块，分段安装，每个模块长 3 ~ 5m。在每个模块上组装有若干个供电

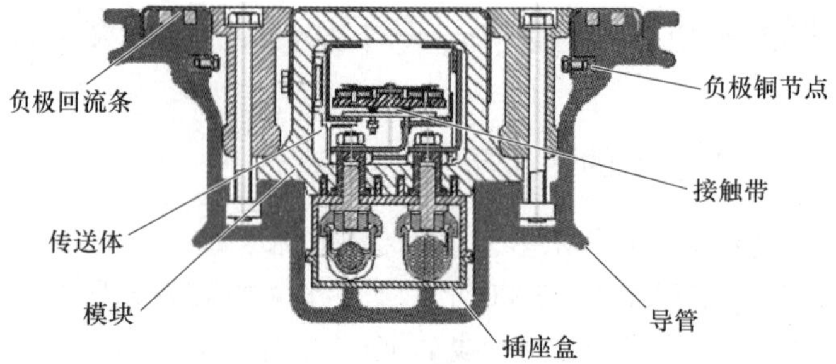

图 3-13　地面的磁性受流器

节，每个供电节长 500mm，相互之间有绝缘材料隔离。安装在转向架中间的受电靴长度也为 500mm，因此在车辆下部最多只有 1m 的供电区域，其余部分都不带电，且处在安全保护区域内。

3.2.2　TramWave 系统结构

安萨尔多的 TramWave 技术是另外一种第三轨受流技术，其系统的基本构成包括特殊的 TramWave 轨道和特殊的继电器系统。

（1）TramWave 轨道基本结构　轨道的具体结构及其安装过程如图 3-14 ~ 图 3-17 所示。TramWave 轨道具体构成主要包括：埋在走行轨之间的嵌入式框架、集成的电源模块、管道式柔性供电模块和封装紧固用的第三轨表层。

图 3-14　TramWave 轨道总体结构

（2）车载集电器基本结构　车载集电器主要由磁性模块、正极受流靴、负极受流靴和动作机构构成，如图 3-18 所示。磁性模块产生磁力，以抬升镶嵌在轨道内的磁性导电带，使其与正极受流靴接触，负极受流靴与轨道的负极板接触，实现回流。

图 3-15　TramWave 轨道结构

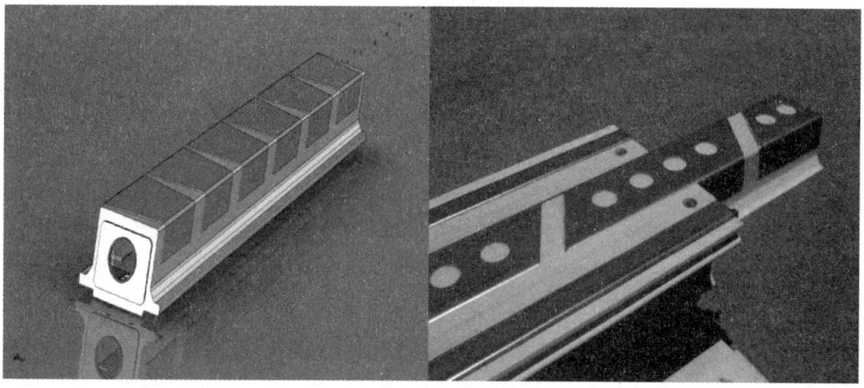

图 3-16　TramWave 电源模块

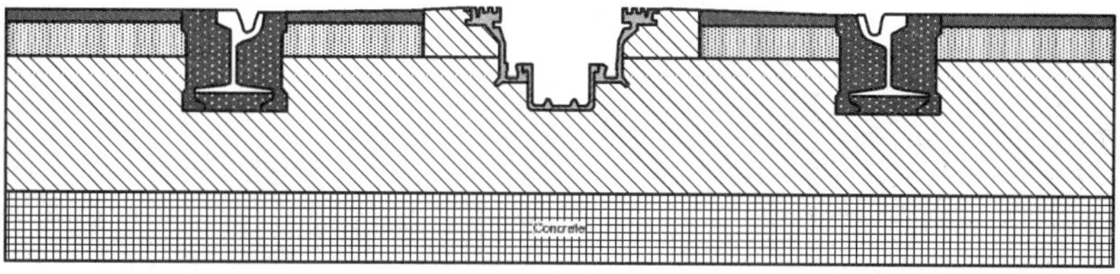

a)

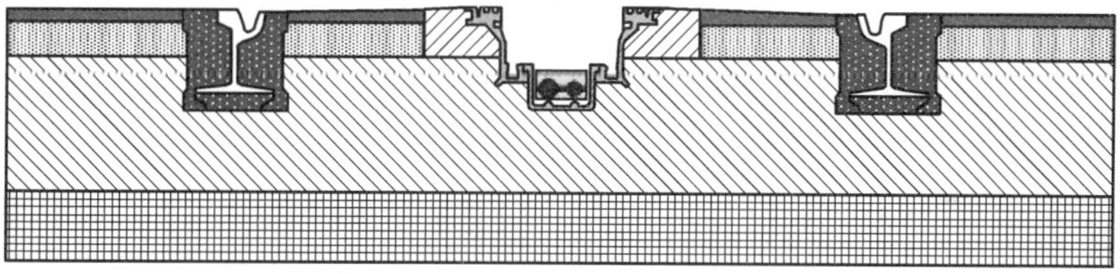

b)

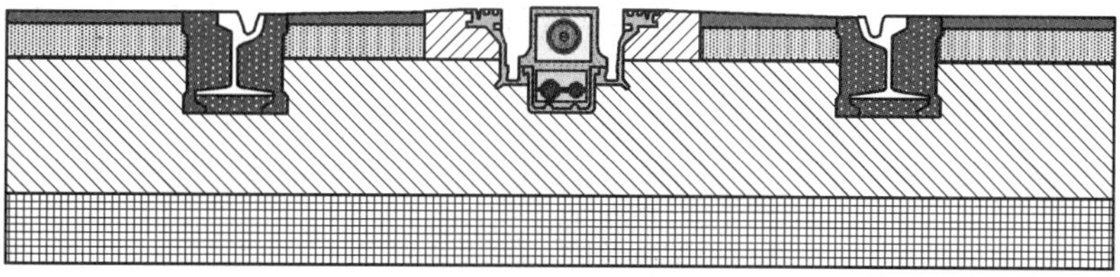

c)

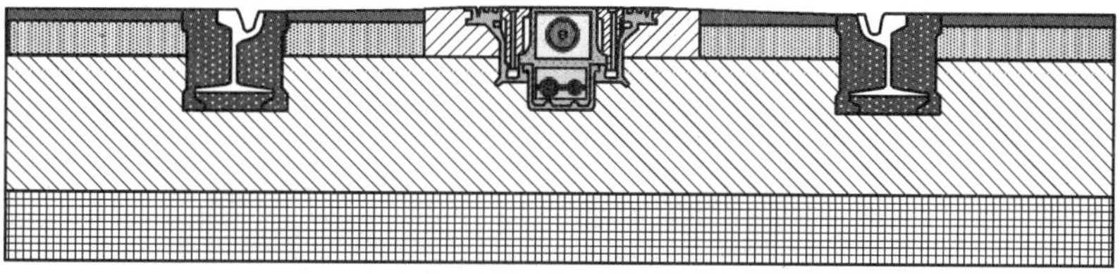

d)

图 3-17　TramWave 系统的安装过程

a）安装嵌入式轨道槽　b）安装电源模块

c）安装柔性供电模块　d）安装紧固用的第三轨表层模块

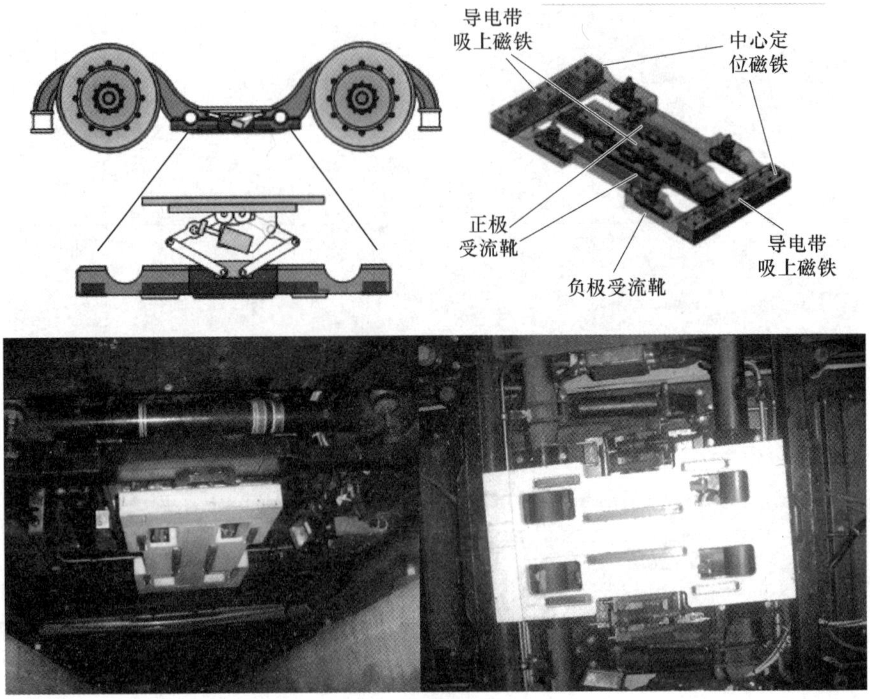

图 3-18　车载集电器结构

3.2.3　系统运行原理

通过集电器向地面受电轨道不断接近，集电器的磁性模块对嵌入在轨道内的磁性导电条吸引力逐渐增加，当集电器与受电轨道完全接触时，地面轨道供电系统分段模块中的活动金属条完全到达工作位置，激活电力供应系统为有轨电车供电。为了保障供电的安全性，地面轨道采用分段绝缘方式，每段导电轨长度一般小于1m，将导电段相互隔离，以保证只有集电器附近区域的地面导电轨带电，其他区域则是绝缘的。进一步地，还设置了电源安全负极，以确保即使雨水浸泡轨道时，仍能保证行人及社会车辆的安全。其基本运行原理如下所示。

（1）集电器休止状态（见图3-19）　磁性集电器在处于上升状态，与轨道内的磁性导电条距离较远，磁力不足以克服导电条的重力，因此无法吸起导电带，车辆经过时集电器处于休止状态，轨道部分与地面相连接，确保安全。

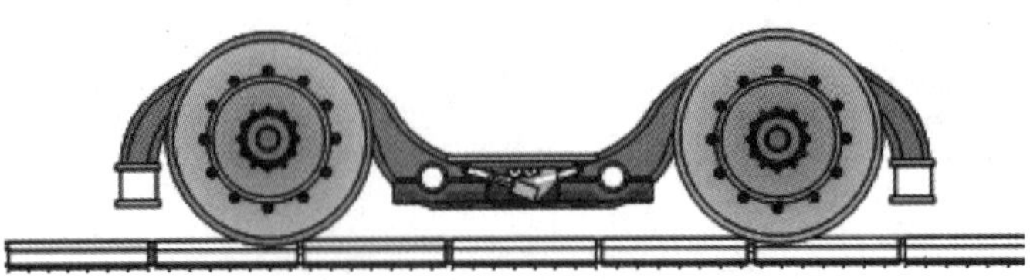

图 3-19　集电器休止状态

（2）集电器往下释放过程（见图3-20）　集电器下降，拉力增加使得轨道内的导电带上升，导电带上升与地面供电段接触，由于导电带只有部分长度被吸引，使得导电带最多与 3 个供电段连接。

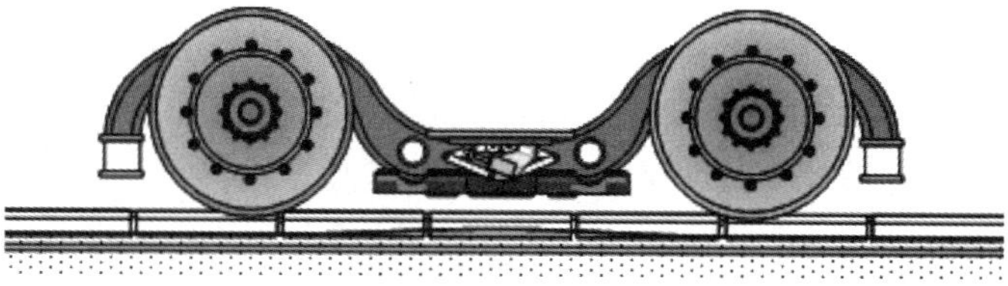

图 3-20　集电器往下释放过程

（3）集电器完全被释放（见图 3-21）　集电器接触供电段，磁性导电带抬升达到工作状态激活底部导电条，当电车运行时，随着集电器的离开，对磁条的拉力减小，集电器依次与地断开所在供电段，而集电器经过之处的导电段则被吸引抬升，机车保持运行受电状态。

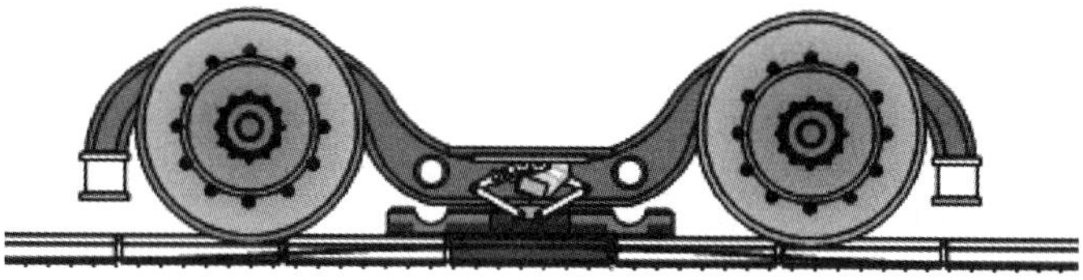

图 3-21　集电器完全被释放状态

3.2.4　关键技术分析

1. TramWave 特殊第三轨道特点

（1）特殊的轨道结构和集电器配合　通过轨道结构特殊的表面设计与集电器配合保证连续受流，安萨尔多采用如下方式来保证连续受流：第三轨正极供电段采用斜体布置，保证受电靴能够跨接在两个相邻的供电段上，如图 3-14 所示；嵌入在轨道内的磁性导电带抬升后，保证与三个地面供电段受电；设置 2～3 个集电器，保证连续受流。

（2）要求供电模块紧凑　相关供电模块及其设备的外部尺寸应与轨间距离匹配，使得能够被安置在轨道之间。

（3）保证第三轨系统的防水防潮　整个系统应具有防水、防潮的功能，应避免雨水侵蚀供电轨道内部，以防止短路。

（4）采用了柔性磁性导电带

2. TramWave 的集电器特点

TramWave 的集电器的外部尺寸和功能特性要足够紧凑才有利于安装在有轨电车转向架下，同时要求集电器有一个动作机构来进行抬升和释放。集电器的磁体的长度设计、拉力以及集电带的特性是集电器设计的关键参数，应满足如下基本条件：

1）在任何静态、动态状态下，导电段的接触长度满足电流受流需求。

2）保证受流电流的连续性。

3）导电条抬升的长度，即“Wave”的长度不宜太长，一般不大于 3m。

4）集电器应保证激活的供电段与非激活的供电段拥有良好的绝缘。

3. 系统安全设计

相对于 APS 系统，TramWave 的安全性设计有了提升，确保了该系统在任何正常操作情况、可能的错误操作情况或者事故情况下的安全性。提高安全性的关键技术措施包括：

（1）系统采用自然进入安全条件法则（见图 3-22） 位于电源线上方的磁性集电器的缺乏或者不正确位置都会导致集电带处于未激活状态，连接所有的电力段处于非激活状态，正极系统在重力作用下自然进入安全条件。

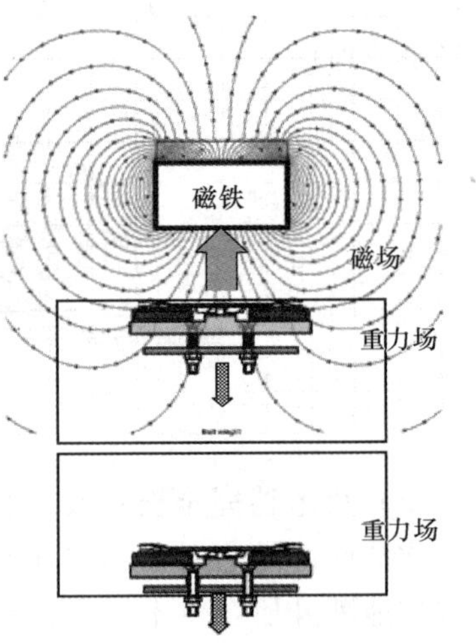

图 3-22　自然进入安全条件法则示意图

（2）线路上的组件采用了保持接地状态　线路中的负极部分和其他组件采用了保持接地状态，确保安全，图 3-23 所示为安萨尔多公司给出的线路横向、纵向上的电压分布图。

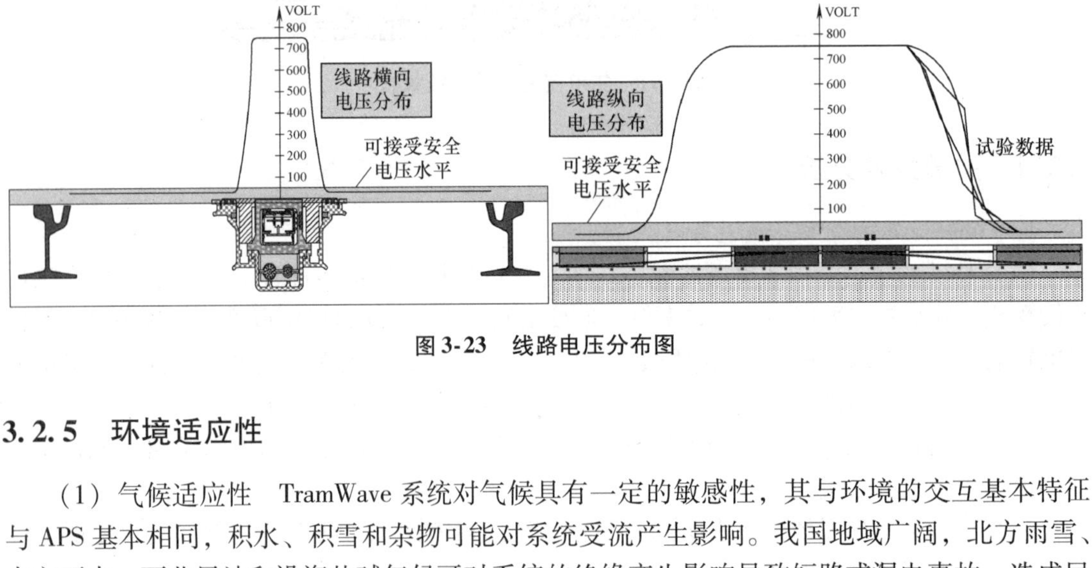

图 3-23　线路电压分布图

3.2.5　环境适应性

（1）气候适应性　TramWave 系统对气候具有一定的敏感性，其与环境的交互基本特征与 APS 基本相同，积水、积雪和杂物可能对系统受流产生影响。我国地域广阔，北方雨雪、南方雨水、西北风沙和沿海盐碱气候可对系统的绝缘产生影响导致短路或漏电事故，造成民众心理压力。

（2）其他制式的兼容性　第三轨受流与其他制式的交互，如接触网受流方式的过渡过程需要进行设计优化，若采用局部第三轨方式，则电车仍需配备受电弓。在兼容性方面，TramWave 系统需要一定的优化，但总体上讲，与其他系统的兼容性可以克服。

（3）系统可靠性　TramWave 运行经验不足，其可靠性有待进一步检验，但鉴于其专有技术。影响可靠性的主要因素是特殊第三轨的本身可靠性。相对于 APS 系统而言，TramWave 系统减少了大量通信设备和开关设备，但对轨道本身的可靠性要求更高。外部环境对可靠性的影响主要体现在积水、积雪、异物导致的短路故障和漏电等。

（4）施工环境适应性　在系统施工方面，对施工的精度要求较高，要求良好的排水、良好的轨道平顺性，需要对施工队伍进行专门培训。

（5）可维护性　由于其设备主要埋在地下，且系统整体性较强，一旦设备出现故障，需要更换的面积大，影响宽，该系统的可维护性难度较大，系统可维护性差。大部分设备位于地下，给设备的日常检修和状态监测也带来困难。

（6）社会适应性　由于 TramWave 技术本身还是第三轨导电受流，在开通初期民众可能面临较大的安全性心理压力，如担心触电等。

3.3　基于无线供电的电磁感应供电

基于无线供电的新型能量传输技术可分分离式、移动式和旋转式三大感应耦合能量传输系统，基于电磁感应原理，通过变形的移动式，可以和其他公用交通共享道路，有效地解决了城市轨道交通问题。其典型代表是庞巴迪的 Primove 系统，本质是利用了感应式供电原理的基于变压器的感应电能传输，核心技术是提高无线供电系统效率的补偿技术和拾电器技术。

3.3.1　无线供电的发展

目前无线感应传输主要有：微波输能（MpT）、强磁耦合谐振和感应耦合（ICPT）。微波输能为微波炉、发射天线等高频系统，现在已经非常成熟。强磁耦合谐振电能传输应用了电磁场的近场理论，使线圈高度谐振来实现能量高效率传输，应用交变磁场作为媒介来传输能量。感应耦合（ICPT）由于一次侧与二次侧间存有较大的空气间隙，因此其耦合系数 K 较小，必须往松耦合变压器的一次侧绕组中注入高频交变电流，并且在一次侧和二次侧绕组附加电路补偿器件。近年来无接触供电系统的研究应用涉及领域越来越广泛，传输功率相差较大，小到用于生物移植的几十毫瓦、小型设备的几十瓦功率，大到电动汽车或运动机器人的上千瓦功率以及磁悬浮列车应用的上兆瓦功率。

随着电力电子技术、高频技术和磁性材料的快速发展以及多种场合下电工设备无接触馈电需求的增长，这种新型的能量传递技术正逐步兴起，并逐渐发展出分离式、移动式和旋转式三大感应耦合能量传输系统。当采用车载充电器时，传统的充电系统在交流电源段分开，整个系统几乎都在车上，而无接触电能传输方式实现一次侧、二次侧绕组之间分离，从而大部分的设备可以置于车外。据估计，与车载充电器相比，采用这种供电方式可以减小车载器件的重量达 90%。在今后有轨电车、地铁都是无接触供电系统的潜在的应用领域。

目前，国内外有不少科研院所和公司从事此项技术的研究，对该技术进行研究和产品化的功率级别在几个千瓦到几百个千瓦之间，比较有代表性的是新西兰奥克兰大学电子与电气工程系功率电子学研究中心。从 20 世纪 90 年代初开始的研究，该技术在理论和实践上均已获得突破，先后获得相关发明专利 11 项。主要研究集中在给恶劣环境下工作的移动设备供电，如电动汽车、起重机、运货车以及水下、井下设备。目前使用的设备已达到 200kW、数公里的传输距离和 85% 以上的传输效率。其项目发起和主要负责人包迩斯教授为此获得皇家学会勋章以表彰他在该领域世界水平的突出贡献，而且该技术已被成功地推广到日本、德国、美国等地。新西兰奥克兰大学所属奇思公司（UniServices）成功地开发了两项有关感应电能传输（PIT）的实用项目：一是高速公路发光分道猫眼系统，目前正运行于新西兰惠灵顿大隧道中；另一个是用于新西兰 Rotoura 国家地热公园的 40kW 旅客运输车，现已安全运行约四年。

德国瓦姆富尔公司（Wampfler）的载人电动列车已试车成功。在瓦姆富尔总部的试验轨道是目前为止建造的最大的感应电能传输系统，总容量达 150kW，轨道长度近 400m，气隙为 120mm。车上有 6 个二次侧接收绕组，每个接收绕组输出 25kW。该系统允许接收线圈向各个方向移动的位置公差为 30mm。该公司还成功地将感应电能传输技术用于电动游船的水下驱动。目前，该公司已有一系列的感应电能传输产品，功率等级有 750W、3kW、10kW、30kW 和 70kW 等。3kW 的二次侧接收绕组（200mm × 140mm × 67mm）重 4kg，水平和垂直允许公差为± 6mm。德国瓦姆富尔公司的无接触模式，其关键设备如图 3-24 所示。德国瓦姆富尔公司的产品在于能量传输效率高，但是由于其特殊性，必须采用特殊轨道，难以在现代有轨电车领域中应用。

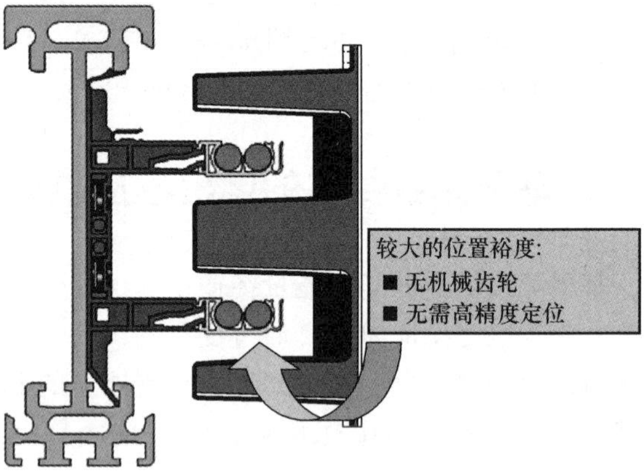

图 3-24 瓦姆富尔的 E 型轨道结构

3. 3. 2 庞巴迪 Primove 系统

庞巴迪在其德国的包岑基地第一次展示了自己生产的 Primove 免接触网轻轨列车，其试验实物图如图 3- 25 所示。其在包岑基地已建造了试验轨道，用于评估该列车系统。Primove 轻轨列车从埋在运行钢轨之间的电缆获得电源，电缆与钢轨形成一次侧闭合电路，这样就形成了一个磁场。该磁场通过安装在车下的耦合线圈，转换成电能，并向牵引电动机提供电能。只有当列车经过时电缆才通电，所以电缆可以被埋在任何材质的下面，包括柏油、水泥和草地。Primove 的原理是基于变压器的感应电能传输。庞巴迪公司表示，虽然这种技术在家庭和工业领域普遍应用，但是用于驱动轻轨车辆还是首次。该系统所设计的持续输出功率为 250kW，庞巴迪表示该功率足以驱动长 30m 的轻轨车以 40km/h 的速度爬上 6% 的坡道。

图 3-25 Primove 系统试验列车

庞巴迪 Primove 系统相对于瓦姆富尔的 E 型轨道结构更加简洁，在轨道和车辆上装备 Primove 系统部件后，列车可以在无接触网的情况下运行。敷设在地下的电缆与电能调节供给网络相连。只有在整列车均覆盖电缆时，这些电缆才会得电，这就保证了运行的安全性。

在列车下方的集电线圈将地下电缆所形成的磁场转化为电能，从而为车辆牵引系统馈电，如图 3-26 所示。

图 3-26　Primove 电磁感应供电示意图

该系统的原理是基于感应式电力变压装置或者变压器的原理，如图 3-27 所示，这种原理在某些工业领域（运输系统中的汽车工业）或者家用电器（如电动牙刷）领域均有应用。可看作将原来变压器铁心分离，一次侧为无铁心仅为通电电缆，仅二次绕组有铁心，二次绕组铁心的结构可以是平板式的，由此演化为 Primove 的车载平板式拾电器。

图 3-27　电磁感应原理

庞巴迪 Primove 方案，一次侧采用导线供电，铺设在路面，二次侧拾电器在电车上拾取电能供电，在有轨电车供电中，具有一定的实用型。庞巴迪的 Primove 供电的系统如图 3-28 所示，其工作系统结构如图 3-29 所示。

图 3-28　Primove 供电系统

当车辆经过埋设线圈的一次侧线圈时，车载信号系统发送加密信号，当埋设在一次侧线圈下面的侦测回路检测到加密信号时，通过译码器给轨旁逆变器信号，轨旁逆变器将750V直流电逆变为交流380V，20kHz的高频电给一次侧线圈通电，根据上述电磁感应原理，感应电流通过车载电力接收器传输给车载逆变器，将AC380V，20kHz的电流，再次逆变成DC750V，50Hz的直流电，后面的工作与正常受电弓受流一样供给电车牵引以及辅助进行供电。当电车经过后，侦测回路检测不到加密信号，译码器给轨旁逆变器停止的工作信号，逆变器停止工作，只有当车辆经过时，逆变器才供电，当车辆经过后，逆变器将停止工作。正常情况下Primove系统不需要全线敷设，与之相配合的蓄能器将能够维持一段时间的牵引，根据测算一般只需要线路总长度的1/4甚至更少路段需要敷设Primove系统，在无Primove设备区间，将由蓄能器提供的能量用于电车牵引以及辅助。

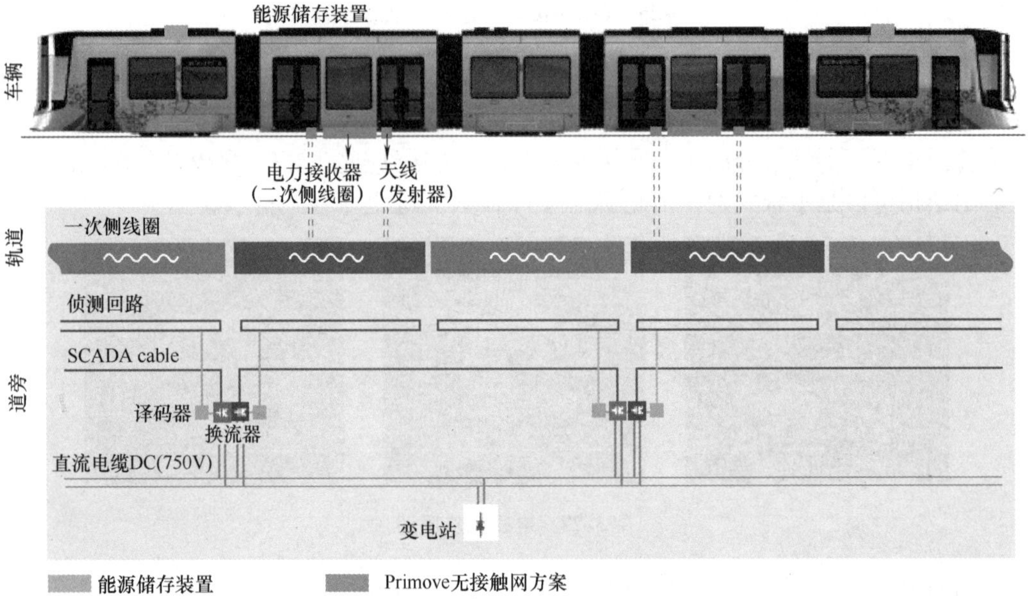

图3-29 Primove系统工作原理图

3.3.3 无线感应供电关键技术

1. 无线感应供电构成及关键技术

庞巴迪Primove技术的核心技术是无线感应供电系统。无线感应供电系统由电源逆变电路、无接触变压器、负载整流电路和控制保护电路等组成，系统结构如图3-30所示。其中电源侧可以是交流电源也可以是直流电源，不同之处在于交流电源经过交直交逆变出所需高频交流电。直流供电时无需接整流电路，直接逆变为高频交流电。

由于和传统的直接接触不同，无接触供电系统通过空气气隙进行能量传递，磁耦合率较低，所以需要对其进行相应的补偿，提高系统整体效率是无线感应供电系统的关键技术问题。在系统工作频率固定的基础上，对于典型的感应耦合电能传输技术，无线感应供电系统中的能量损耗部分主要可以分为以下几个环节。

1）一次电能变换环节中的开关功率变换部分开关损耗及传导损耗。

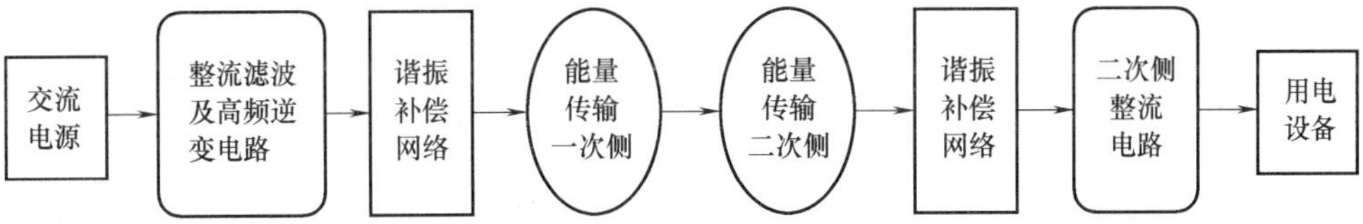

图 3-30　无接触供电系统结构图

2）电磁变换环节中的谐振部分传导损耗。

3）感应耦合环节中的功率传输效率。

4）二次电能变换环节中的损耗。

所以提高系统效率应从以下四个方面着手。

1）逆变整流电路部分，通过一次、二次侧补偿电路提高系统效率。尽量减小开关数量和损耗，使其工作在 ZVS 或 ZCS 软开关工作状态。

2）控制保护电路部分，使一次、二次侧的谐振频率和开关频率一致，并保持稳定的电压输出。

3）无接触变压器本身，通过优化铁心和线圈的几何参数，采用高磁导率的软磁材料，尽量提高无接触变压器的耦合能力。

4）二次侧整流电路，可以采用同步整流技术降低损耗和减小温升效应。

由此可见，系统效率的影响因素最终可以归结为一次、二次侧的电源变换电路和无接触变压器的设计。

2. 变压器耦合模型与系统补偿

感应供电本质上可看为一类特殊的变压器。变压器模型主要有传统的变压器模型和互感模型。由于我们研究的系统主要处在松耦合情况下，在分析中必须将激磁电感和漏电感分开来考虑。互感模型使用感应电压和反映电压的概念来描述一次侧、二次侧系统之间的耦合效应。感应电压和反映电压都通过互感来表达。反映电压表示二次侧对于一次侧绕组的全部影响，不需要将互感与漏电感分开是这种模型分析的主要优点。无接触变压器与传统的变压器的本质区别在于一次侧、二次侧之间的耦合性能差异。对于传统的变压器，耦合系数通常在 0.95～0.98，接近于 1。而无接触变压器属于疏松耦合式系统，耦合系数通常在 0.8 以下，有的甚至不到 0.1，漏电感较大，铁心工作在磁化曲线线性段。考虑到采用互感模型分析的以上优点以及无接触变压器的疏松耦合特性，下面将采用互感模型来分析无接触变压器中一次侧、二次侧绕组之间的耦合，一次侧绕组的参数为 R_p 和 L_p，二次侧绕组参数为 R_s 和 L_s。绕组间的互感为 M。通过空载试验可以同时测得一次侧、二次侧绕组的自感和互感。

$$L_p = \frac{1}{\omega}\sqrt{\left(\frac{U_p}{I_{p0}}\right)^2 - \left(\frac{P_0}{I_{p0}^2}\right)^2}$$

$$M = U_{oc}/(\omega I_{p0})$$

式中　I_{p0}——空载电流；

P_0——空载损耗；

U_{oc}——一次侧两端所施加电压；

U_p——二次侧空载电压。

一次侧为电压源时，互感模型如图 3-31 所示。同理，当一次侧绕组为电流源供电时，一次侧、二次侧系统的等效电路如图 3-32 所示。

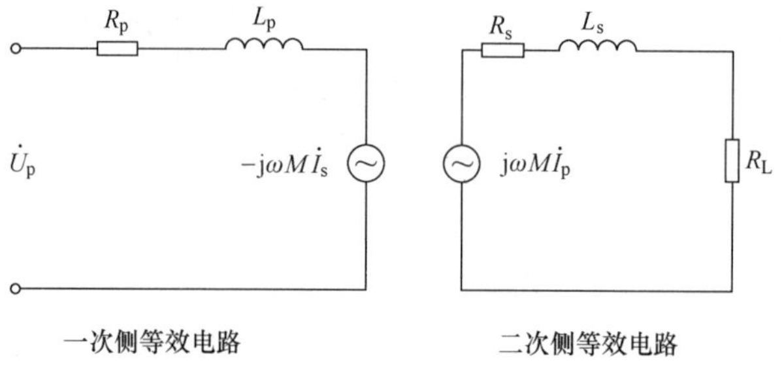

图 3-31 电压源供电的一次侧、二次侧等效电路

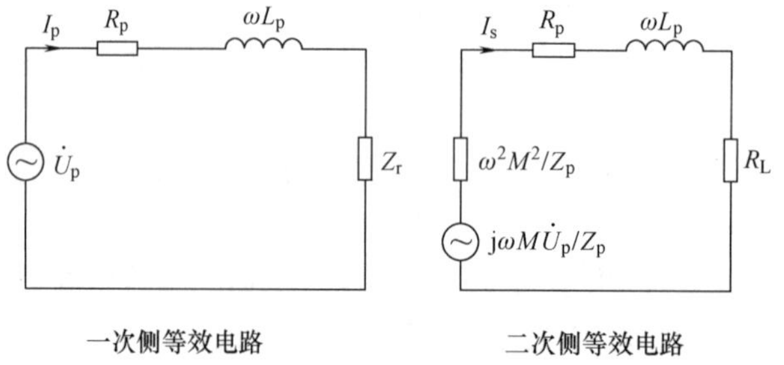

图 3-32 电流源供电的一次侧、二次侧等效电路

为了提高发射功率和传输效率，减少无功功率的传输，需要对一次侧、二次侧电路进行无功功率补偿。一次侧电路部分，减小无功功率可以提高系统的传输容量和效率。拾电器电路设计部分，由于电磁机构自感的存在会导致拾电器输出效率下降，需要设计谐振变换电路补偿自感的影响。

由于系统工作在高频状态下，一次、二次电抗值相对于电阻值都较大，为简化分析，一次侧、二次侧绕组电阻可略去不计。

系统传输的功率为 $P=(\mathrm{Re}Z_r)I_p^2$，所以为了提高功率传输效率，一次侧采用串联补偿，使得一次电流达到纯阻性，理论上系统在二次谐振频率 $\omega_s=\dfrac{1}{\sqrt{CL_s}}$ 下工作，系统的功率传输容量是没有限制的。在 $\omega_s=\dfrac{1}{\sqrt{L_sC_s}}=\dfrac{1}{\sqrt{L_pC_p}}$ 时，工作在全谐振状态下，可以有限地传递系统效率。为了改善系统供电性能，需对一次侧、二次侧回路进行无功补偿，提高传输功率和传输效率，形成了 4 种补偿结构：初级绕组电容串联补偿，次级绕组电容串联补偿，称为 SS 拓扑补偿；初级绕组串联电容补偿，次级绕组并联电容补偿，称为 SP 拓扑补偿；初级绕组并联电容补偿，次级绕组串联电容补偿，称为 PS 拓扑补偿；初级绕组并联电容补偿，次级绕组并联电容补偿，称为 PP 拓扑补偿，如图 3-33 所示。

3. 拾电器设计

通过对拾电器磁心绕组结构的材料选择优化可以提高传输效率，其中磁心材料的选择如下。

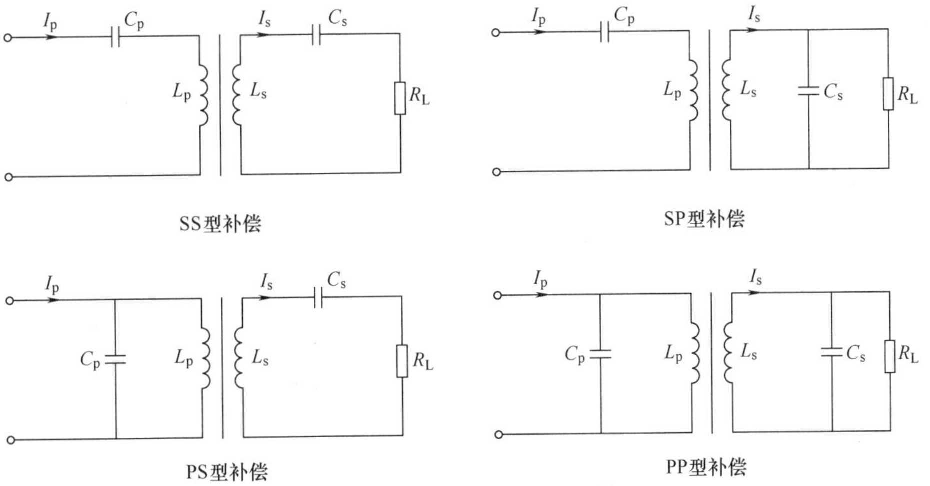

图 3-33　四种不同的补偿结构

(1) 磁导率 μ 要高　选用 μ 值高的材料可以降低外磁场的励磁电流值，从而降低磁元件的体积。

在弱磁场中工作的磁性材料，激磁电流很小，要使灵敏度高，应选用起始磁导率 μ_i 值高的材料。而在强磁场中工作的磁性材料，为了得到大的磁通，要求材料的 μ_{max} 值要高。

(2) 要求具有很小的矫顽力和狭窄的磁滞回线　材料的矫顽力越小，就表示磁化和退磁容易，磁滞回线狭窄，在交变磁场中磁滞损耗就越小。

(3) 电阻率 ρ 要高　在交变磁场中工作的磁心具有涡流损耗，电阻率高，涡流损耗小。

(4) 具有较高的饱和磁感应强度　磁感应强度高，相同的磁通需要较小的磁心截面积，磁性元件体积小。在低频时，最大工作磁通密度受饱和磁通密度限制。但在高频时，主要是损耗限制了磁通密度的选取，饱和磁通密度大小并不重要。目前应用比较多的磁性材料多为软磁材料，主要有铁氧体、铁粉芯、恒导合晶、非晶态合晶及硅钢片等。由于绝大多数的软磁材料是在交变磁场下工作的，在选用软磁材料时，重要考虑的因素是工作磁通密度、磁导率、损耗大小、工作环境及材料的价格等。

随着频率的提高，导线集肤效应更加明显，研究表明，高频电流的集肤效应意味着导线的有效截面积减小，工作频率越高，交变电流的实际电阻也越大，因此，在实际系统中将变得不可忽略，甚至是影响系统效率的关键因素。研究表明，大直径的导线因交流电阻引起的交流损耗大，经常采用的方法是用截面之和等于单导线的多根较细导线并联。据此原理，可以采用多根细线绞合的利兹线，这样就可以有效减少集肤交流和邻近效应的影响。

3.4　车载储能式供电技术

3.4.1　蓄电池供电

法国的尼斯在 2007 年 12 月投入运行的有轨电车线路要通过两个重要的广场，那里每年都要举行狂欢节游行，因此不能架设架空线。解决的方案是使用蓄电池短距离供电，在架空供电时再向蓄电池充电。Alstom 的 Citadis302 型有轨电车装有 DC540V、200kW 的 SAFT NiMH 蓄电池组。车上的空调设备也可由蓄电池供电，但如果车辆在没有架空供电的区段停留超过 3min 的话，车上的空调设备自动停用，以节省能耗。蓄电池的正常使用寿命预期约为 5 年。

阿尔斯通公司的 Nice France 电池是一种 NiMH 电池，在 Massena（435m）&Garibaldi（485m）广场上可以以 30km/h 的速度行驶 1km。日本近畿的 E-brid 系统使用的是一种锂离子电池。电池在一次充电后可在无接触网的情况下支持车辆行驶 9km。川崎的 SWIMO 电池有轨电车使用的是一种镍金属混合电池，一次充电 5min 后可运行 10km，而试验时最佳性能可达到 37.5km。SWIMO 电池有轨电车电池工作原理如图 3-34 所示。

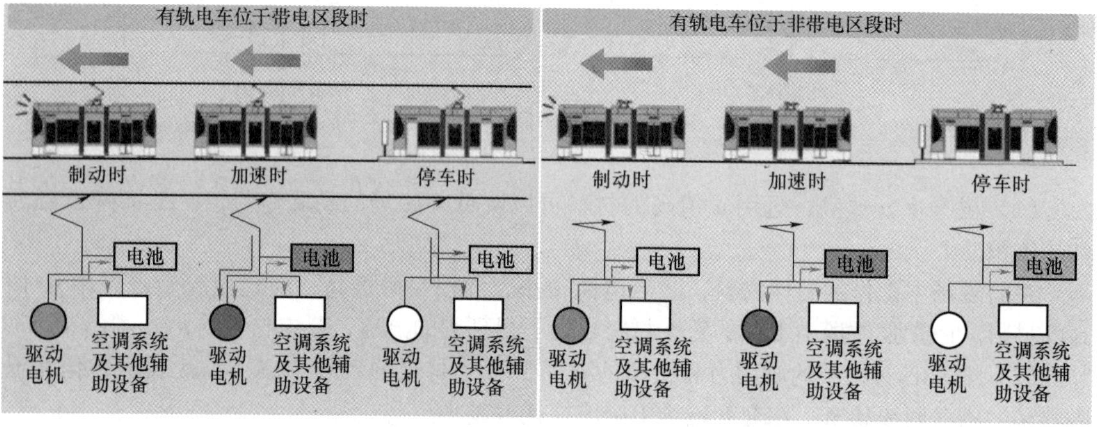

图 3-34　SWIMO 电池有轨电车电池工作原理

3.4.2　超级电容器供电

Bombardier 于 2003 年在德国的曼海姆采用超级电容器作为蓄能装置向有轨电车供电。这种 Mitrac 节能装置（见图 3-35）当充足电时容量为 300kW，可以利用的能量为 60%，装置的总重为 477kg。试验的车辆为 Duewag 有轨电车，采用 ABB 牵引系统。经过 4 年的试验，节能效果十分可观，除了再生制动的正常节能效果外，能耗还可降低 20%。最大优点是，当有轨电车离开架空线由超级电容器供电时，减少的架空线损耗约为 6%。

图 3-35　庞巴迪 Mitrac 储能器

由于试验取得成功，德国莱茵地区决定采用 19 辆 Bombardier Variobahn 有轨电车，车上的 Mitrac 节能装置采用 Batscap 超级电容器与逆变器组成一套装置，比原型车的装置体积更小一些，重量也减轻为 400kg。30m 长的有轨电车配备 2 套装置，能以 20km/h 的速度离开架空线行驶 800m。40m 长的有轨电车配备 3 套装置。这种供电方式适合于线路延伸而不允许架线的区段。

株洲电力机车厂利用 9500F 超级电容作为储能系统，开发的现代有轨电车实现了通过站台充电桩在 30s 内快速充电，可运行 3 ~ 5km，85% 以上的制动能量可回收至超级电容。广州海珠环岛有轨电车线路是国内首条采用该技术的线路，如图 3-36 所示。线路全长 7.7km，共设 11 座车站，平均每站间距 0.784km。广州市海珠环岛有轨电车车辆为世界首列超级电容 100% 低地板有轨电车（见图 3-36），该车采用三动一拖四模块编组，车辆长度约 36.5m，最大载客量为 368 人，最高运行速度为 70km/h。

图 3-36　广州海珠环岛超级电容储能现代有轨电车

3.4.3　混合型蓄能装置供电

西门子（Siemens）开发的 Sitras HES 技术用于 CombinoPlus 有轨电车，在葡萄牙的 Almada 进行试验。由 DC750V 充电的超级电容器另外增加一组牵引蓄电池，形成类似混合动力的方式。Sitras HES 采用空气冷却 Maxwell 0.85kW · h 超级电容器，工作电压为 190 ~480V DC，组成 2 套 144kW 的装置，总重 820kg。蓄电池为水冷 SAFT Ni-MH，容量为 18kW · h，105kW，重量为 826kg。在正常运行条件下，蓄电池由架空线供电，最大充电电流 22A，蓄电池的最大放电电流为 200A。所有增加的设备重量约 2.2t。

在正常制动的情况下，再生的电能有 1/3 反馈到架空线，1/3 被超级电容器吸收，1/3 用于车上的辅助设备，或消耗在制动电阻器。如果将超级电容器的容量增加 1 倍，则可消除制动电阻器的损耗（见图 3-37）。

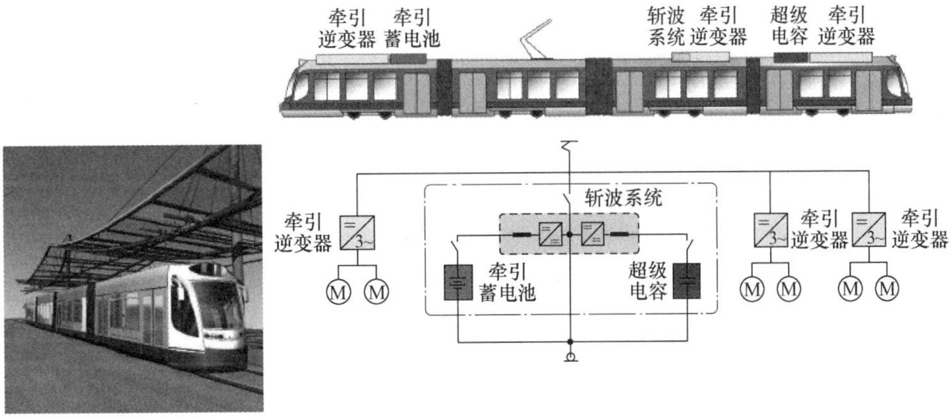

图 3-37　西门子无接触网形式方案

3.4.4　快速充电蓄能装置供电

西班牙的 CAF 采用快速充电方案，车上的超级电容器在进站制动时，可利用再生电能充电，停站时站上的架空电源再进行快速充电。在 Zaragoza 市中心有一个区段不架设架空线。将有 21 辆 Urbos Ⅲ型有轨电车采用这种方式运行。

Alstom 也对类似的方式在巴黎的 T3 线进行试验。超级电容器安装在 Citadis402 型有轨电车的车顶上，总容量为 2.16kW · h，其中 1.62kW · h 可以使用的最大功率为 360kW。整个装置的重量为 720kg。在停站时的充电时间不超过 20s。

总而言之，对于有轨电车来说，架空接触网供电是一种经济、可靠的运行方式。现代技术可以使架空设备简洁美观，并且能达到较长的使用寿命。要避免架空供电，将使投资费用和运行成本增加。经过 5 年多的研究试验，各种方案在技术上都是可行的，但从经济角度需要衡量其必要性。其适用范围可能仅限于必须取消架空线的特殊区段。

3.5 无接触网受流技术综合比较

在城市轨道交通中的有轨电车供电系统一般采用滑动接触的方式进行供电，其典型方式就是通过架空接触网实现的滑动接触供电方式。这种方式在使用上存在诸如滑动磨损、接触火花、不安全裸漏导体以及影响景观等局限。对现代有轨电车而言，采用无接触网供电模式是对接触网供电方式的有效补充。结合对无接触网主要供电方式的几种模式进行分析，对现代有轨电车采用不同供电模式的无接触网供电方式进行综合比较，见表 3-1。

表 3-1 现代有轨电车无接触网模式综合比较

对比指标	车载储能形式全线无触网	三轨形式全线无触网技术（APS）	感应输电形式全线无触网技术（Primove）
无触网区间	可以实现全线无触网形式，建议平均站间距为 800 ~ 1000m	可以实现全线无触网形式	可以实现全线无触网形式
系统类别	超级电容 + 牵引蓄电池	在轨道中间铺设第三轨。需要大量的轨旁开关柜进行供电变换控制	需要在线路上埋设感应线圈。需要大量轨旁供电开关柜进行供电变换控制
受电弓类别	车顶安装固定受电弓	车底集电靴	车体安装感应线圈设备
受电弓运作	固定式，可不需要升降弓	无需受电弓	无需受电弓
车站内充电接触网高度	4.25m		
信号系统	与城市交通系统结合的交通灯控制，也可采用 ATP	需要复杂的定位系统用于供电控制，也可以采用 ATP	需要复杂的定位系统用于供电控制，也可以采用 ATP
再生制动能量反馈	没有制动电阻，再生制动能量 100% 能够储存	没有制动电阻，再生制动能量不能储存	没有制动电阻，再生制动能量部分得到存储
紧急故障	具备超级电容与牵引电池双重系统，保证即使个别车站变电站故障也不影响全线运营	若出现故障，影响范围较宽	若出现故障，影响范围宽
抢修难度	抢修难度小，返回车场	大量设备埋在地下，抢修难度大	大量设备埋在地下，抢修难度大
节能	25% ~ 30%	0%	5%

（续）

对比指标	车载储能形式全线无触网	三轨形式全线无触网技术（APS）	感应输电形式全线无触网技术（Primove）
车辆投资增加/减少比例	增加15%标准车辆价格	无增加	增加8%标准车辆价格
项目投资增加/减少比例	减少10%的基础设施投资，整个项目与传统有触网比增加5%左右	与传统系统相比整个项目增加25%左右投资	与传统系统相比整个项目增加30%左右投资
系统效率	效率较高	效率高	感应供电效率较低
电磁兼容性	电磁兼容性好，对外电磁辐射小	大量开关设备动作，对电磁兼容性要求高	需要增加大量开关柜与变电设备，对电磁兼容性要求高；高频电磁场耦合，电磁兼容存隐忧
安全保护	车载设备，对地面保护无要求	需要大量地面供电保护措施，保护失效，存在安全风险	需要大量地面供电保护措施，保护失效，存在安全风险
雨雪天气影响	无影响	由于地下供电及其设备，在大雨、积水地方存在安全隐患	由于地下供电及其设备，在大雨、积水地方存在安全隐患
环境污染	牵引蓄电池回收，存在一定污染	仅采用少量储能设备，污染较小	仅采用少量储能设备，污染较小
民众心理安全压力	民众安全心理压力小	第三轨受电，民众存在安全心理压力	民众会担心电磁辐射，具有一定的安全心埋压力
电容寿命	150万次充放，8～10年运行寿命	用于供电控制的大量开关期间需要日常维护与更换；铺设在地面的三轨需要定期例行检查（与地铁类似）；埋设在地面的绝缘器件容易老化	用于供电控制的大量开关期间需要日常维护与更换；埋设在地面的绝缘器件容易老化；埋设在地面的感应线圈容易老化，若更换需要影响整条线路运营以及成本巨大
电池寿命	主要用于备用5～6年运行使用寿命		
维护	具备储能系统监控功能，日常免维护；整车维护量与传统有触网系统没有差别，但对于供电系统维护则有所降低（由于免于维护线路上的触网）		
技术开放性	技术开放，在全世界范围内属于主流技术，随着时间的推移技术会不断发展；易于日后的扩展与改造；不依赖于唯一供应商；容易并已经在国内形成产业化	非开放，非主流技术；依赖于唯一供应商发展无法在国内产业化	非开放，非主流技术；应用较少；短期内难以在国内产业化
技术成熟度	超级电容已经在世界范围内广泛应用；各国还在致力于该技术的发展；技术成熟度较高	由于种种因素，不能广泛应用；技术成熟度中等	大功率感应式供电技术成熟度中等

第4章 国内应用案例

本章通过理论联系实际，结合国内沈阳浑南新区现代有轨电车和苏州高新区有轨电车工程进行详细分析。

4.1 沈阳市浑南新区现代有轨电车一期工程

沈阳浑南新区现代有轨电车项目作为国内第一个尝试开展无接触网供电技术应用的项目，我们有必要就其所开展的技术相关形式做进一步研究。有轨电车作为轨道交通和道路交通相结合的一种技术形态，就必须摈弃两种交通方式的弊端，发挥两种交通方式的优点。在这种技术发展趋势下，无接触网供电技术应运而生，填补了我国在有轨电车无接触网供电领域的空白，对以后的城市现代有轨电车建设起到了一定的推进作用。

4.1.1 工程概述

根据沈阳浑南新区现代有轨电车线路沿线的城市电网实际情况，本工程供电负荷选取一级负荷。供电系统采用分散式供电，设置11座电源开闭所，每座开闭所自城网引入1路电源。11个外电源中，其中4个电源为专用线路，7个电源为共用线路，相邻2个电源之间可以进行扩展供电。全线中压供电网络设置为11个供电分区，采用单环网接线形式。

本工程正线共设置36座牵引变电所，停车场与车辆段各设置一座牵引降压混合变电所，变电所独立选址。

牵引网采用DC750V电压制式的柔性架空接触网，通过走行轨完成回流。

考虑到杂散电流腐蚀防护相关要求，牵引变电所间距除满足向牵引用电负荷可靠供电外，通过合理设置牵引变电所间距来控制走行轨纵向压降。

4.1.2 设计原则

沈阳浑南新区现代有轨电车作为国内首个一次性成网运行的有轨电车项目，项目设计原则是建立在国内地铁和轻轨等项目建设的经验基础上开展的，具体设计原则包括：

1）供电系统满足定位匹配、技术成熟、景观和谐和投资经济的要求。

2）中压网络接线满足开闭所一个电源退出运行时，相邻开闭所电源承担两个供电分区内的非高峰时的全部供电负荷。

3）牵引变电所的布点满足车辆运行和杂散电流腐蚀防护要求，并考虑周边地块景观的协调。

4）牵引网采用上下行并联方式，利于优化架空接触网景观。

5）供电系统正常运行方式下，继电保护应满足灵敏性、可靠性和速动性要求。

4.1.3 执行标准

GB 50053 《10kV 及以下变电所设计规范》

GB 50490 《城市轨道交通技术规范》

GB 50052 《供配电系统设计规范》

GB 50054 《低压配电设计规范》

GB 50217 《电力工程电缆设计规范》

GB/T 50062 《电力装置的继电保护和自动装置设计规范》

GB/T 12325 《电能质量 供电电压偏差》

GB/T 14549 《电能质量 公用电网谐波》

GB/T 50063 《电力装置的电测量仪表装置设计规范》

GB/T 13730 《地区电网调度自动化系统》

GB/T 13729 《远动终端设备》

GB/T 16435.1 《远动设备及系统接口（电气特性）》

GB 4728 《工业与民用电气工程设计图用图形符号及文字代号》

CJ/T 1-1999 《城市无轨电车和有轨电车供电系统》

DL/T 621 《交流电气装置的接地》

DL/T 5044 《电力工程直流电源系统设计技术规程》

IEC 62128-2 《Railway applications- Fixed installations- Part 2：Protective provisions against the effects of stray currents caused by d. c. traction systems》

以上规范均为当时最新版。

4.1.4 供电系统与各专业设计接口

表4-1所列为供电相关专业及其他专业接口设计。

表4-1 供电相关专业及其他专业接口设计

接口专业	接口位置	接口内容	输入资料	输出资料
变电所专业	10kV 进出线开关柜接线端子	1）中压环网电缆及保护电缆连接 2）牵引变电所的布点、主要设备参数、整流机组容量及主接线 3）协商继电保护、联锁、控制、计量等的设置 4）车站及变电所接地网	1）变电所主接线图 2）10kV 开关柜排列图 3）直流750V 开关柜排列图 4）变电所设备布置平面图 5）变电所接地网相关图纸	1）供电系统图 2）系统运行方式 3）系统保护方式 4）牵引变电所布点 5）牵引供电计算 6）主要设备参数计算，如整流机组设备容量等

（续）

接口专业	接口位置	接口内容	输入资料	输出资料
牵引网专业		1）系统专业提供馈线电流和回流电流 2）接触网分断处直流系统接线方式	1）直流隔离开关柜数量 2）接触网电阻、电感参数 3）车辆段供电分区划分 4）正线供电分区划分 5）接触网分断位置	1）供电系统图 2）直流牵引供电系统图 3）牵引供电计算相关内容，如牵引电流等 4）接触网分断处的连接方式
杂散电流专业	正线	供电系统电缆支架安装要求	全线杂散电流防护要求	1）电缆支架的安装方式 2）全线接地系统图
电力监控系统专业	综合控制屏二次端子排	协商确定供电系统设备监控要求	1）供电系统模拟图 2）综合控制屏二次端子排图 3）具体监控点、监测内容要求	1）全线供电系统图 2）系统运行方式
外电源	10kV 开闭所进线开关柜进线电缆头连接点	外电源负责供电局至开闭所的10kV电力电缆设计 从供电局引入电源电缆自进入开闭所内，其中至开闭所电源开关柜的路由及托架设计由开闭所及供电系统设计	1）10kV 电力电缆进入变电所内敷设路径要求 2）控制、保护联动、联锁要求、电源切换要求、设备类型及参数 3）开闭所10kV进线柜出口最大最小运行方式下的短路电流 4）供电局10kV馈线开关柜保护配置原则、继电器参数选择要求、保护整定值	1）全线供电系统图 2）全线供电负荷表 3）供电容量的要求 4）最大、最小负荷 5）谐波计算结果 6）功率因数计算结果 7）供电系统报审图
线路专业	全线	确定正线变电所分布以及电缆敷设路径配合	线路平面图、纵断面图、站间距表、线路限速要求等	开闭所、牵引变电所、降压变电所设置距离要求、位置要求
行车组织		牵引供电计算资料	1）正线运行交路每日行车对数 2）早晚高峰进出车辆段的电车对数 3）牵引计算单及图纸 4）电车高峰小时运行对数	
车辆专业	供电设施与车辆	1）确定供电方式、牵引网的主要参数、牵引变电所的分布及容量 2）确定自带储能装置车辆通过接触网分断区的运行方式	1）车辆主要技术参数（重量、载员、启动电流、电机数量与功率、辅助用电容量） 2）车辆牵引制动特性曲线 3）车辆受电弓主要技术参数 4）车辆高峰小时运行对数和列车编组 5）储能装置的容量、充电方式包括充电时间、充电电流	牵引网供电方式、电压等级、电压波动范围、牵引变电所的分布及容量

（续）

接口专业	接口位置	接口内容	输入资料	输出资料
建筑专业	全线车站主体建筑	1）确定电缆通道，提出本专业在变电所内管线布置要求 2）电力电缆进出变电所、穿越线路孔洞预留 3）确定变电所设备用房布置、电缆夹层内电缆敷设及电缆敷设路径	1）变电所设备层平面图 2）变电所纵断面及横剖面图 3）电缆夹层平面图	1）变电所电缆通道位置及要求 2）电缆进出变电所的孔洞要求 3）变电所平面布置图 4）房间面积、净空及装修要求
结构专业	正线	1）确定电缆敷设路径和孔洞要求，区间电缆跨越轨道要求 2）确定各预埋设备及管线位置、吊运、安装及运输要求	预留孔洞位置尺寸	1）预留孔洞位置 2）各种管线和设备的预埋件大样和设置位置 3）各设备在变电所内布置的位置及对地板的要求 4）各设备的外形尺寸、重量及运输路线 5）各设备的预埋件及预留孔洞位置 6）电缆作用在结构上的重量、设备载荷及分布
通信专业	正线、车辆段	1）协商确定通信、调度系统电缆与电力电缆的敷设位置及方式，确定变电所通信方式 2）通信设备接地要求	1）正线通信电缆通道的位置 2）变电所电调电话、工作电话技术要求 3）各变电所中通信端子箱等通信设备的布置图 4）通信设备接地要求	通信设备接地及绝缘安装要求，主变电所、牵引变电所建筑平面及电缆通道、闭路电视设置要求
调度系统专业	正线、车辆段	协商确定电缆通道的划分	1）调度系统电缆通道、敷设要求及位置 2）均、回流点的设置位置 3）钢轨绝缘分段位置要求	1）电力电缆通道位置 2）牵引电流及钢轨回流强度 3）牵引变电所的位置 4）均回流点的设置位置及载流要求 5）牵引供电分段及供电状态 6）钢轨绝缘分段位置要求 7）钢轨与电缆栓接点的载流量要求 8）钢轨接地点的位置要求

（续）

接口专业	接口位置	接口内容	输入资料	输出资料
动力照明专业	正线	1）解决正线共用桥架、支架的敷设 2）供电专业为动力照明专业预留正线的电缆支架，动力照明专业自行进行电缆敷设设计	1）接地要求 2）共用桥架、支架敷设要求	共用电缆桥架、支架敷设图
FAS系统专业	车辆段	1）确定电缆通道的报警要求 2）协商确定电缆通道 3）确定变电所设备布置及接地方案	1）变电所防灾报警措施 2）变电所防灾报警设施配置图 3）接地点要求	1）正线电缆敷设平面图、断面图 2）电缆长度 3）变电所消防等级、主要设备形式 4）变电所房屋及设备平面布置图、电缆夹层资料 5）接地点位置
通风空调专业	车辆段	变电所通风空调负荷计算及通风设备管道布置	车辆段风管平、剖面图	变电所的平面布置图，设备发热量及环境温、湿度要求，消防排烟风口位置
给水排水专业	正线、车辆段	协调电缆与水管敷设	1）各正线、车辆段水管敷设平面图、剖面图 2）电化股道附近给排水管道接地要求 3）给水排水设备绝缘安装要求	1）正线、车辆段电缆敷设平面图、剖面图 2）提供变电所各设备房间尺寸 3）提出对排水管道的迷流监测要求
轨道专业	正线、车辆段	1）提供牵引供电有关资料，确定电缆穿越过轨的地点和数量 2）对钢轨绝缘安装的要求 3）对钢轨连接的要求	1）正线轨道结构类型及构成（横断面图） 2）车辆段轨道结构类型及构成（横断面图） 3）钢轨类型及电阻值 4）道床类型及公里标 5）道床钢筋布置图（横断面图）、道床钢筋型号 6）地面不同路基型式分界位置公里标 7）道床伸缩缝的公里标道岔表 8）各种曲线半径的外轨超高值表	1）电缆过轨地点及穿管数量 2）回流点、均流点的位置 3）钢轨绝缘分段的设置位置 4）钢轨与轨道焊接点载流量的要求

（续）

接口专业	接口位置	接口内容	输入资料	输出资料
车辆段	车辆段	1）确定中压电缆、钢轨接地电缆的敷设路径 2）车辆段专业负责公用电缆沟、廊道等公共通道敷设的电缆综合布置 3）供电系统负责供电本系统的电缆沟、廊道设计	车辆段平面图、电缆管线平面图	提供公用电缆沟、廊道内各种电缆的数量、规格和敷设要求，提供电缆的发热量
概算专业	供电设备投资概算	供电设备及材料汇总表		

4.1.5 外部电源及系统参数

由于本地区城市建设发展较快，供电局于近期在浑南地区南侧建成一座220V城网变电站，用于完善沈阳城市电网并满足浑南地区用电需求。

浑南地区供电网络计划于近、远期建设66kV变电所共11座，220kV变电所2座。

（1）城市电网概况　虽然沈阳市城市电网相对较为发达，但浑南地区既有电力供应来自于沈阳地区西部与东部电网。

根据浑南地区电网建设规划及项目与浑南区供电局的前期配合，其中DL8（于山变电所）、DL4（安顺变电所）及附近两座配套开闭所已于2013年建成，并投入运行，两座变电所规模均为3×50MV·A，能够向系统中A6、B7开闭所各提供1个专用线路。5号线中的E4、E7两个电源也为供电局提供的专用线路。其余7个开闭所电源由供电局自附近用户或城市电网开闭站引来共用线路。

（2）开闭所方案　本工程推荐采用分散式供电方式主要基于以下几个原因。

1）本工程除联络至沈抚新城5号线外，其余线路均分布于浑南新城地区。区域内规划较为完善的66kV供电网络，近期建设于山变电所、安顺变电所，并配套开闭站2座，远期建设66kV变电所9座。每座变电所规模均为3×50MV·A。每座66kV变电所距离线路直线距离不超过2km，距离开闭所距离在3km范围内，因此区域内城网电力资源能够为分散式供电方式提供较好的电源支持。

2）有轨电车牵引负荷低于轻轨系统，仅为轻轨系统的1/3～1/2，分散式供电方式供电力矩能够满足供电系统负荷的同时，不会过多地增加外电源引入数量及容量，且远期每路容量控制在8000kV·A左右。

3）集中式供电方案需要建设两座66kV主变电所，在地区规划66kV网络的基础上，存在一定程度的重复建设。集中式供电方式的主变电所变压器容量偏低，且在正常运行方式下，供电距离较长，技术经济性较差。一般建设35kV主变电所占地面积约2000m^2，对城市既有土地规划影响较大，不利于项目建设的快速推进。

4）线路沿线城市电网资源较丰富，分散式供电方式工程实施条件更好。

沈阳浑南新区现代有轨电车全线共设置开闭所 11 座，与牵引降压混合变电所合建。开闭所见表 4-2。

表 4-2　开闭所位置及外电源方式

电源编号	外电源位置	对应线路	外电源方式
1#外电源	A1（K0+000）	1 号线	共用线路
2#外电源	A4（K3+600）	1 号线、3 号线	共用线路
3#外电源	A6（K6+700）	1 号线、4 号线	专用线路
4#外电源	A8（K10+200）	1 号线、3 号线	共用线路
5#外电源	D2（4+000）	3 号线、4 号线	共用线路
6#外电源	B1（K0+000）	2 号线	共用线路
7#外电源	B7（K10+200）	1 号线、2 号线	专用线路
8#外电源	B10（K14+500）	2 号线、5 号线	共用线路
9#外电源	E4（k7+500）	5 号线	专用线路
10#外电源	E8（K15+100）	5 号线	专用线路
11#外电源	SF（K22+000）	5 号线	共用线路

开闭所方案设置要点：

1）在浑南地区电网资源条件的基础上，结合有轨电车用电负荷较轻且用电点灵活的特点。在满足供电系统不同运行方式的前提下，采用专用线路与共用线路相结合的方式，可以在满足功能需求的同时有效降低外电源投资。

2）通过潮流计算，有轨电车 10kV 电源负荷力矩在 10km 左右，因此，全线考虑引入 11 个外电源，正常运行方式下，外电源设置在对应供电分区中部位置，中压网络运行技术经济指标最优，故障运行方式下，外电源至供电分区末端供电半径不超过 10km。

3）线路末端设置开闭所，结合单环网接线的中压网络方式，为减少开闭所退出运行对中压网络的影响范围，因此在线路末端设置开闭所，如 A1、B1、SF。

4）结合线路设置方案，考虑开闭所资源共享，优先在“十”字与“T”交叉位置设置开闭所，从而实现不同线路在区域范围内的外电源资源共享。

本项目一期工程需要满足服务于全运会的要求，如选择集中式供电方式，外电源协调建设周期较长，存在较大工程建设风险。

通过以上分析，沈阳市浑南新区供电网络条件较为完备，分散式供电方式虽然可靠性不及集中式供电方式，但整体技术经济指标优于集中式供电方式。在满足供电负荷需求的同时，能够较好地发挥分散供电方式的负荷力矩特点，并且便于与工程进度工期匹配，也能够保证系统的运行安全性，因此推荐采用分散供电方式。

4.1.6　中压供电网络

（1）中压网络构成与分区

1）中压网络构成。沈阳浑南新区现代有轨电车线路中压网络采用单环网接线形式，中压网络进、出线开关均采用断路器。

2）中压网络供电分区。本工程中压供电网络共设置11个供电分区，见表4-3。

表4-3　供电分区布局

分区编号	开闭所	变电所名称
1#供电分区	A1（K0+000）	A1、A2、A3、CLD-Ⅰ段
2#供电分区	A4（K3+600）	A4、C1、CLD-Ⅱ段
3#供电分区	A6（K6+700）	A5、A6、A7
4#供电分区	A8（K10+200）	C2、C3、C4、A8
5#供电分区	D2（4+000）	D1、D2、C5
6#供电分区	B1（K0+000）	B1、B2、B3、B4、B5
7#供电分区	B7（K10+200）	B6、B7、B8、B9
8#供电分区	B9（K14+500）	B10、E1、E2
9#供电分区	E4（k7+500）	E3、E4、E5、E6
10#供电分区	E8（K15+100）	E7、E8、E9
11#供电分区	SF（K22+000）	E10、E11、SF

（2）中压供电网络运行方式　沈阳浑南新区现代有轨电车项目中压供电网络包括两种运行方式：正常运行方式和故障运行方式。

1）正常运行方式。当供电系统外电源、供电系统线路和供电系统设备均处于正常工作状态时，全线11座开闭所进线开关与环网馈线开关处于合闸位置，相邻供电分区之间的应急联络开关处于分闸状态。

2）故障运行方式。当供电系统因外部因素导致开闭所进线电源退出运行时，该开闭所外电源进线失电，该路进线开关失压跳闸，相邻供电分区应急联络开关合闸位置，开启扩展供电，由相邻开闭所的进线电源承担本供电范围内的供电负荷。

为了统一并简化中压网络运行方式，中压网络末端与D2开闭所不承担相邻供电分区外电源失电时的应急支援，仅当本开闭所外电源失电时，闭合相邻供电分区的应急联络开关。其余开闭所当外电源失电时，闭合环网上行方向上的应急联络开关。

当由于非外部因素导致开闭所一路进线电源退出运行时，环网末端母线分段开关合闸。

当开闭所一路馈出回路、某一段电缆线路或某一座变电所退出运行时，环网断路器跳闸后，在确认并隔离线路后闭合靠近故障侧的应急联络开关，由另一回路承担区间供电负荷。

（3）中压供电网络潮流计算　潮流计算法是广泛用于电力系统中的一种科学计算法，特别是便于实现计算机仿真计算，从而避免在中压网络分析时因为计算方法而导致增大设计误差。

计算内容包括各变电所母线计算负荷和各变电所母线处电压损失。

计算条件包含以下四部分：

1）在任何运行方式下，变电所承担供电范围内全部动力负荷与牵引负荷。

2）开闭所供电范围内用电负荷同时系数可按照0.9考虑。

3）牵引负荷通过牵引供电计算确定，车站动力照明负荷通过低压负荷计算确定。

4）各变电所母线处的电压损失以为其提供电源的开闭所母线电压为相对基准零点。

5）开闭所电源进线电缆采用 WDZB-YJY23-8.7/10-3×300mm² 铜芯交联聚乙烯绝缘电缆，中压环网电缆采用 WDZB-YJY23-8.7/10-3×150mm² 铜芯交联聚乙烯绝缘电缆。中压环网电缆在线路两侧，在电缆槽内敷设，最高环境温度按 25℃考虑，按《电力工程电缆设计规范》，电缆允许持续载流量为 287A。

潮流计算过程通过软件仿真模拟计算得出，潮流计算结果见表 4-4。

表 4-4　部分外电源供电分区潮流分布

外　电　源	变电所名称	供电距离/m	负荷/kW	压降（%）	电缆负荷/kW
1#外电源供电分区潮流分布	A1	0	520	0.000	3426
	A2	1200	724	0.176	
	A3	2400	724	0.529	
	CLD-Ⅰ段	3200	1458	1.476	
2#外电源供电分区潮流分布	A4	0	2304	0.000	4252
	C1	1700	948	0.327	
	CLD-Ⅱ段	1200	1000	0.244	
3#外电源供电分区潮流分布	A5	1500	1208	0.368	3772
	A6	0	1594	0.000	
	A7	1900	970	0.374	
4#外电源供电分区潮流分布	C2	3600	970	1.063	4884
	C3	1800	970	0.354	
	A8	0	1836	0.000	
	C4	1900	1108	0.427	
5#外电源供电分区潮流分布	D1	2000	1048	0.425	3324
	D2	0	1048	0.000	
	C5	2020	1228	0.504	

故障运行方式下，考虑到行车组织中 20 对/h 的高峰时间全日仅有 1h，其余运营时间内，行车间隔最高为 12 对/h，较多情况下为 10 对/h。因此，在故障运行方式下，若满足高峰小时运量，则中压网络投资增加较大，综合技术经济指标较差。此外，7 个开闭所电源回路来自城市电网共用线路，10kV 城网电源回路容量不超过 12000kV·A，如共用线路回路满足故障运行方式下的高峰小时运量，对共用线路容量占用较大。因此，推荐在故障运行模式下，满足非高峰小时运量 12 对/h。表 4-5 为故障运行时部分负荷分配及压降。

通过上述计算结果可以看出，供电系统中中压供电网络最大压降发生在 5#外电源失压时，通过闭合位于 D1 变电所的应急联络开关，由 4#城网电源向 5#供电分区供电，此时线路末端压降为 2.879%，满足国家相关规范的要求。

（4）中压交流短路计算　短路电流计算一直是困扰设计人员的遗留问题，平时大都以经验进行估算。但是，为了提高设计质量，我们通过科学的规定设计边界条件，从而达到安全高效和节能的目的。

表 4-5　故障运行时部分负荷分配及压降

故障工况	变电所名称	供电距离/m	负荷/kW	压降（%）	电缆负荷/kW
（1#外电源失压）2#外电源供电分区潮流分布	A1	3600	344	0.875	5782
	A2	2400	466	0.624	
	A3	1200	466	0.397	
	CLD-Ⅰ段	1800	775	0.283	
	A4	0	1782	0.000	
	C1	1700	948	0.327	
	CLD-Ⅱ段	1200	1000	0.244	
（3#外电源失压）4#外电源供电分区潮流分布	A5	4100	757	2.237	5418
	A6	3600	988	1.607	
	A7	1700	614	0.885	
	C2	3600	614	0.673	
	C3	1800	614	0.224	
	A8	0	1134	0.000	
	C4	1900	697	0.269	
（5#外电源失压）4#外电源供电分区潮流分布	D1	8220	661	2.879	5366
	D2	6220	661	1.776	
	C5	4200	817	0.942	
	C4	1900	637	0.246	
	A8	0	1317	0.000	
	C3	1800	637	0.233	
	C2	3600	637	0.698	

对有轨电车系统而言，中压网络需要计算最大运行方式下的三相短路电流、最小运行方式下的两相短路电流，低压配电系统需要计算三相短路电流和单相接地故障电流。

1）计算条件。

外电源进线电缆截面为 300mm^2。

中压供电网络联络电缆截面为 150mm^2。

城市电网变电站至开闭所距离按照 2000m 考虑。

城市电网 10kV 侧短路容量按照 200MV · A 考虑。

2）计算过程。结合沈阳浑南新区现代有轨电车项目中压网络接线方式，交流系统短路计算等效网络示意如图 4-1 所示。

其中 F1 为城网变电所（10kV）、F2 为有轨电车第一级变电所（10kV）、F3 为有轨电车第二级变电所（10kV）、F4 为有轨电车第二级变电所（0.4kV）。

三相短路电流初始值 I''_K 的计算：

按照有名单位制计算，三相短路电流初始值 I''_K 的计算公式如下：

$$I_K = I''_K = \frac{U}{\sqrt{3}X}$$

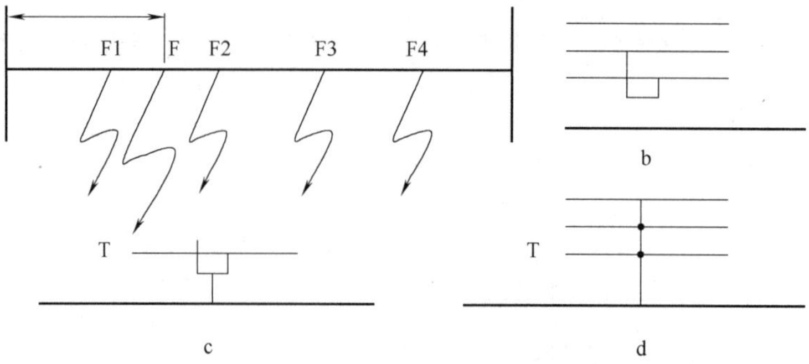

图 4-1　短路计算等效网络示意图

若 $R>\frac{1}{3}X$，则应计入有效电阻值 R，计算公式如下：

$$I_K = I''_K = \frac{U}{\sqrt{3}Z} = \frac{U}{\sqrt{3}\sqrt{R^2+X^2}}$$

式中　U——短路点所在处的网络平均电压（kV）。

Z——短路回路总阻抗（Ω）；

R——短路回路总电阻（Ω）；

X——短路回路总电抗（Ω）。

其中，Z 包括系统阻抗 Z_1 和电缆阻抗 Z_2 两部分，电缆阻抗可通过查询手册得到，系统阻抗可通过下式求得：

$$Z_1 = \frac{U_n^2}{S_K}$$

式中　U_n——系统标称电压（kV）；

S_K——电源侧系统短路容量（MVA）。

三相短路电流峰值 i_P 的计算和全电流最大有效值 I_P 的计算如下。

根据短路电流变化可知，短路全电流峰值 i_P 包含有交流分量 i_{AC} 和直流分量 i_{DC}。短路电流直流分量的起始值 $A=\sqrt{2}I''_K$，短路全电流峰值 i_P 出现在短路发生后的半周期（0.01s）内的瞬间，其值计算公式如下：

$$i_P = K_P\sqrt{2}I''_K$$

短路全电流最大有效值 I_P 的计算公式如下：

$$I_P = I''_K\sqrt{1+2(K_P-1)^2}$$

式中　K_P——短路电流峰值系数，$K_P=1+e^{-\frac{0.01}{T_f}}$；

T_f——短路电流直流分量衰减时间常数（s）$\left(当电网频率为工频时，T_f=\frac{X}{314R}\right)$；

X——短路回路总电抗（Ω）；

R——短路回路总电阻（Ω）。

单相接地电容电流的计算如下。

10kV 电缆电路的单相接地电容电流的计算公式如下：

$$I_C = \frac{95 + 1.44S}{2200 + 0.23} U_r l$$

不同电压等级的单相接地电容电流的估算公式如下：

$$I_C = 0.1 U_r l$$

式中 S——电缆芯数的标称截面（mm^2）；

U_r——线路额定线电压（kV）；

l——线路长度（km）；

I_C——接地电容电流（A）。

3）计算结果。

三相稳态短路电流最大值发生在开闭所处，此时短路电流为 7.54kA。

三相稳态短路电流最小值发生在线路末端牵引变电所，为 B5 变电所，距离开闭所 6.3km，短路电流值为 3.2kA。

（5）系统环网电缆截面选择　中压供电网络环网电缆的选择在满足任何运行方式下全线全部牵引负荷与动力照明负荷的基础上，考虑一定裕度。

在充分考虑电缆截面前提下，选用铜芯、低烟、无卤、B 类阻燃的交联聚乙烯护套铠装三芯电缆，并具有防潮防水特性。

外电源电缆截面选择为：WDZB-YJY23-3 ×300mm^2，满足在应急运行方式下，一个开闭所外电源故障时，由本开闭所另一路电源承担区间所有供电负荷。

中压环网电缆选择 WDZB-YJY23-3 ×150mm^2。

（6）环网电缆敷设　有轨电车供电系统环网电缆是联系地铁供电系统内各变电所的重要媒介，环网电缆沿有轨电车轨道敷设，是保证地铁供电系统正常工作的主要设施之一。

1）电缆敷设路径。在地面区间供电电缆敷设在线路路基一侧，变电所下设置电缆夹层。

2）电缆敷设方式。环网电缆沿线路一侧的水泥电缆槽内敷设。电缆固定在槽内电缆支架上。穿越平交道口或线路混行路段，电缆采用穿钢管敷设，间隔 50m 设置手孔井。

4.1.7 变电所

（1）变电所主接线及运行方式　沈阳市浑南新区现代有轨电车一期工程正线设置牵引变电所 36 座，新城车辆段设置牵引降压混合变电所 1 座、跟随降压变电所 1 座，控制中心设置降压变电所 1 座，沈抚新城停车场设置牵引降压混合变电所 1 座。其中 11 座电源开闭所与混合变电所合建。

牵引降压混合变电所、跟随式降压变电所进线电源电压为 10kV 交流电源，牵引供电系统电压为直流 750V，动力照明系统电压为交流 220V/380V。

1）主接线。

10kV 主接线：

主接线的确定与变电所设备运行的安全性、可靠性和经济性密切相关，并且对配电设备布置、设备选择、继电保护的设置和控制方式也有较大影响。

图 4-2 所示为变电所主接线图。

开闭所：

开闭所 10kV 侧采用单母线接线方式，每座变电所设置有 10kV 母线，自城网引入 1 路

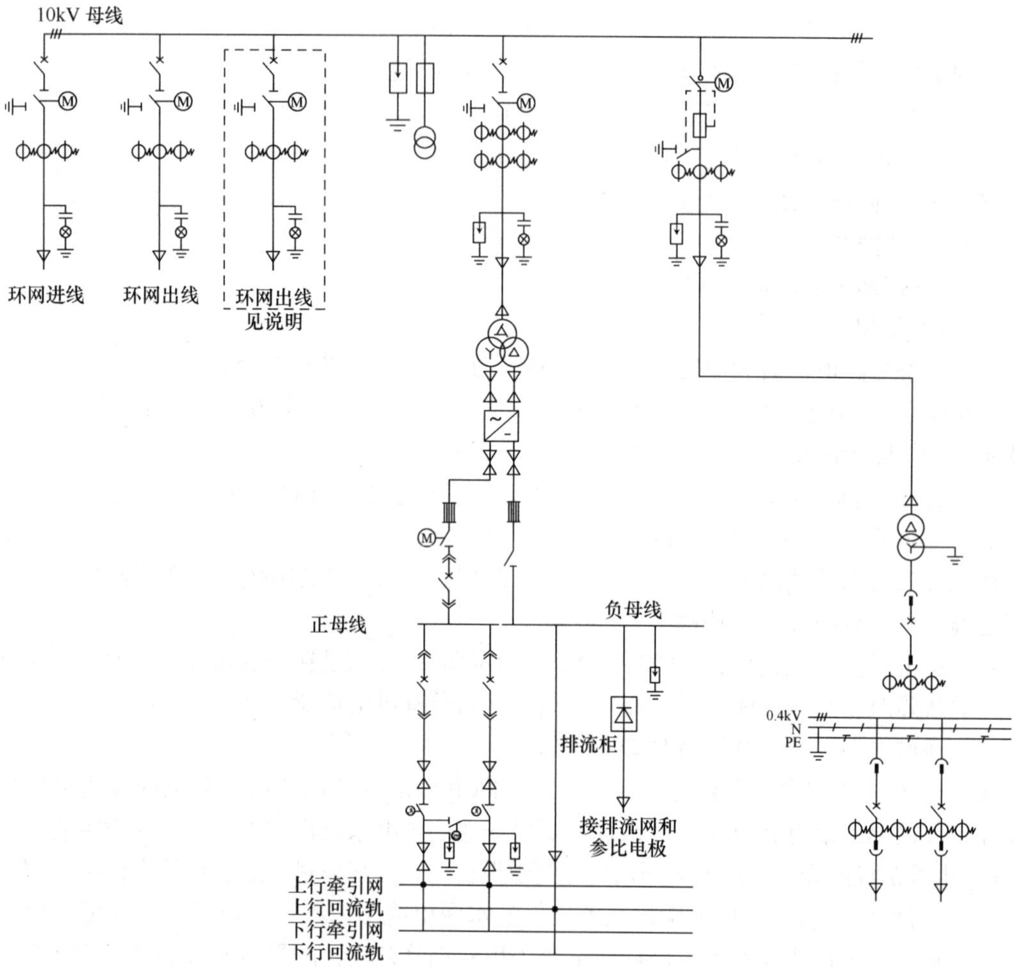

图 4-2　变电所主接线图

电源，向本供电分区内的负荷供电。

每段母线设置一组电压互感器（PT）和避雷器，用于母线电压的测量以及过电压保护。

牵引变电所：

牵引变电所 10kV 侧采用单母线接线方式。项目初期每座牵引变电所设置一套 12 脉波牵引整流机组和一台 10kV/0.4kV 配电变压器。

牵引降压混合变电所：

车辆段牵引降压混合变电所采用单母线分段接线方式，不设置母线分段开关。

项目初期每座混合变电所设置一套 12 脉波牵引整流机组。两段母线各设置一台 10kV/0.4kV 配电变压器。停车场牵引降压混合变电所采用单母线接线方式，母线设置一组电压互感器（PT）和避雷器，用于母线电压电流的测量以及过电压保护。

跟随式降压变电所：

在新城车辆段设置跟随式降压变电所。每座跟随式降压变电所设置两台变压器，两台变压器分列运行。

750V 主接线：

直流 750V 主接线为单母线系统，进线采用直流断路器。设置两路直流馈线断路器，分别向牵引变电所的两侧线路供电，同侧牵引网上下行并联馈电。牵引整流机组负极设置一路隔离开关与整流器相连，两侧馈出线之间设置纵向电动隔离开关，走行轨与直流负母线直接通过电缆连接。

线路末端牵引变电所在牵引整流机组与牵引网之间设置 1 路直流断路器。

0.4kV 主接线：

正线牵引变电所 0.4kV 低压侧为单母线。设置一台配电变压器。

车辆段、停车场、奥体中心与控制中心为单母线分段接线型式，设置两台配电变压器。

2）运行方式。

牵引变电所运行方式：

双边供电运行方式。牵引变电所正常运行方式下为双边供电。除线路末端变电所外，当一座牵引变电所一路直流馈出开关退出运行时，闭合纵向隔离开关，牵引供电系统继续运行在双边供电方式下。

大双边供电运行方式。除线路末端变电所外，任意一座牵引变电所故障退出运行时，由相邻两座牵引变电所构成大双边供电，从而满足高峰小时用电负荷。

单边供电运行方式。车辆段供电采用单边供电，满足车辆段牵引负荷日常需求。在正线与车辆段绝缘节处设置电动隔离开关，当车辆段牵引整流机组所在母线退出运行时，闭合电动隔离开关，正线牵引网向车辆段供电，满足车辆段运营需求。

牵引整流机组运行方式：

全线每座混合变电所与牵引变电所均设置一套牵引整流机组。本阶段满足近期大双边运行方式下高峰小时供电负荷及正常运行方式下国家标准对谐波含量的要求。

正线每座牵引变电所设置 2 套牵引整流机组，在平日采用单机组运行方式。满足平日大双边运行方式下高峰小时供电负荷及国家标准对谐波含量的要求。

400V 运行方式：

正常运行方式下，正线牵引变电所一台 10kV/0.4kV 配电变压器负责向供电范围内的全部负荷供电。

一路电源退出运行时，正线变电所内当一台 10kV/0.4kV 配电变压器退出运行时，变电所所用电与通信、道岔电源由蓄电池继续向其提供电源。

车辆段、停车场、枢纽及控制中心变电所当一路 0.4kV 进线电源退出运行时，断开 0.4kV 进线开关，根据负荷情况系统会自动或手动切除三级负荷，母线分段断路器合闸，由另一路电源承担本所的一、二级动力照明负荷。

当进线电源恢复时，断开母线分段断路器，闭合进线断路器，恢复正常供电方式。

（2）变电所自用电　变电所自用电由所内交直流屏提供。

1）交直流屏的功能及组成。在正线变电所控制室内设交直流屏，其一路电源来自本所的段 400V 母线。

交直流屏的主要功能有两个，一是给变电所设备提供直流操作电源和控制电源。二是给综控屏、变电所照明等提供交流电源。

交直流屏的相关数据、信号均可以通过设备自带的监控单元与变电所综合自动化系统连接，将数据、信号送至控制中心。

交直流屏分设交流系统和直流系统。

2）交流系统。交流侧由变电所低压开关柜引入一路三相交流400V输入电源。

正常供电时，交流系统为全所的经常性交流负荷提供电源，如综控屏、变压器温控器等负荷。并作为电动隔离开关等的补充操作电源。

3）直流系统。直流系统主要提供操作电源。

直流系统由交流配电单元、智能高频开关充电装置、直流母线、蓄电池组、直流母线自动（手动）调压装置、绝缘监察装置以及微机监控器等设备组成。

直流母线采用单母线的技术形式。正常供电时，蓄电池组充电完成后进入浮充电状态。

设备的操作电源根据实际需要可以采用直流操作或者交流操作电源。沈阳浑南新区现代有轨电车10kV系统设备、750V系统设备和400V低压配电系统设备采用直流操作电源，直流操作电源为220V。

4）直流屏蓄电池组容量。蓄电池采用阀控式铅酸免维护蓄电池，蓄电池容量应保证所内经常性负荷，2h应急负荷放电容量及应急放电末期最大冲击负荷容量的要求。

变电所蓄电池容量为40Ah。开闭所、牵引降压混合变电所蓄电池容量为60Ah。

（3）保护、联锁、控制和测量　有轨电车供电系统控制单元的任务就是保证行车安全、协调电车运行、提高运输效率。联锁系统是控制单元保证电车行车安全的核心设备。

1）10kV变压器馈线保护、联锁及控制。表4-6列出了10kV变压器馈线保护配置。

表4-6　10kV变压器馈线保护配置

被保护单元名称	保护配置
牵引变压器馈线断路器	速断保护 过流保护 零序保护 过负荷报警 过温报警、超温跳闸 整流器一个硅元件故障报警 整流器同臂两个硅元件故障保护 直流750V正极框架泄漏保护 联跳直流保护 变压器开门保护
配电变压器馈线负荷开关	过流保护 变压器开门保护
车辆段配电变压器馈线断路器	电流速断保护 过电流保护 零序过电流保护 过温报警 超温跳闸 过负荷保护 配电变压器柜门打开报警

牵引变压器馈线断路器与相应接地开关之间，配电变压器馈线负荷开关与相应接地开关

之间设有联锁，联锁控制方式如下。

馈线断路器或负荷开关在合闸位置时，接地开关不能进行合闸操作。

只有当馈线断路器或负荷开关在断开状态时，接地开关才能进行合闸操作。

接地开关在合闸位置时，断路器或负荷开关不能进行合闸操作。

2）750V 系统保护、联锁及控制。

保护配置：

表 4-7 中所列为 750V 变压器保护配置。

表 4-7　750V 变压器保护配置

被保护单元名称	保护配置
进线断路器	大电流脱扣保护（本体速断）
馈线断路器	大电流脱扣保护（本体速断） ΔI 增量保护 di/dt 保护 过电流保护 低电压保护 双边联跳保护 接触网热过负荷保护 线路故障测试及自动重合闸 装置在线内部故障自测
直流设备	框架保护

联锁与控制：

① 进线断路器：

负极隔离开关电磁锁解锁、框架泄漏保护动作、相应交流机组 10kV 馈线开关动作时，联跳并闭锁正极进线断路器。

断路器出现闭锁信号后，确认故障已消失的条件下，可就地按面板前复位按钮对装置进行复位。

② 馈线断路器：

框架保护动作、断路器本体动作跳闸并闭锁断路器。

电量（过负荷、增量）保护动作跳闸并闭锁断路器。

断路器出现闭锁信号后，确认故障已消失的条件下，可就地按面板前复位按钮对装置进行复位。

③ 负极柜内电动隔离开关：

正极直流断路器处于分位时，负极隔离开关才能操作。

框架泄漏保护（电流与电压元件）安装在负极柜，电流元件保护动作后跳闸并闭锁本所所有直流断路器与 10kV 机组开关，电压元件不动作跳闸只报警。

电流元件动作。现场复位电流继电器，之后按下负极柜上复位按钮，然后就地或远方复位所有馈线柜。

电压元件动作。如故障信号已消失，现场按下负极柜上复位按钮，然后就地或远方复位所有馈线柜。

相应的直流馈线断路器处于分闸位置、接触网上网隔离开关才能分合闸操作。

3）400V 系统保护、联锁及控制。

保护配置：

表 4-8 列出了 400V 变压器保护配置。

表 4-8　400V 变压器保护配置

被保护单元名称	保 护 配 置
进线断路器	瞬时保护 短延时保护 长延时保护 接地故障保护
母线分段断路器	瞬时保护 短延时保护 接地故障保护 备用电源自动投入功能
馈线断路器	瞬时保护 长延时保护 接地故障保护

联锁与控制：

低压 400V 系统的控制操作模式与运营关系密切，是运营过程中经常需要进行的操作和控制，对于其工作模式在设备招标阶段与建管、运营等相关单位沟通后最终确定。

（4）接地与过电压　在有轨电车电网系统正常运行中，系统接地和牵引供电的过电压保护措施是其十分重要的部分。

1）接地方案。正线混合变电所接地方案包括水平接地体和垂直接地体两种，变电所独立设置时接地电阻不大于 4Ω，当变电所与弱电系统共用接地系统时，其接地电阻不大于 1Ω。综合接地网设 5 处接地引出线，其中 2 处接变电所弱电接地母排，2 处引出线接变电所强电接地母排，另外 1 处预留备用。变电所接地母线设在电缆夹层内，供电气设备工作接地、保护接地及电力监控系统屏蔽接地。

综合接地系统的设计充分考虑进入接地系统的接地故障电流的影响，接地系统承受接地故障电流的冲击范围。在高压供电设备发生故障接地时，接地故障电压必须不能对低压电气设备造成危害。

接触电位及跨步电压满足规范要求。

2）系统限制过电压措施。限制开关操作过电压主要指 10kV 变压器馈线断路器，10kV 变压器馈线断路器的限制过电压措施，根据不同产品设置方案不一样。

线路断路器采用合资公司供货的产品，10kV 真空断路器产生的操作过电压对干式变压器的寿命及其安全性不会产生影响。F 级与 H 级绝缘的干式变压器的耐冲击电压水平也完全可以抗击开关操作过电压，所以干式变压器可以不考虑限制开关操作过电压措施。

如果 10kV 设备招标时选用了其他品牌的 10kV 真空断路器，需要在变压器用 10kV 真空断路器出线下口设置氧化锌避雷器。本次初步设计设置避雷器。

牵引变电所内 10kV 母线在第一级上网隔离开关柜内设置避雷器。

（5）配电变压器容量选择　本工程正线均为地面线路，根据全线低压负荷类型，配电变压器在容量选择上可包括以下两类。

1）变电所及区间用电负荷。主要包括变电所内照明、区间照明、广告照明、变电所动力负荷及通信、调度设备用电。考虑到正线变电所用电负荷较少，配电变压器容量配置按照一台变压器承担全部负荷的原则设置。

2）车辆段用电负荷。主要包括车辆段内照明负荷、检修动力负荷及日常运营负荷。车辆段内用电负荷按照等级进行分类，配电变压器容量配置满足当一台变压器退出运行时，另一台变压器可以承担全部一、二级负荷的原则进行设置。

正线混合变电所配电变压器容量设置为 160kV · A 与 250kV · A。车辆段配电变压器容量为 630kV · A，车辆段跟随变电所配电变压器容量为 1000kV · A，停车场配电变压器容量为 1000kV · A，枢纽配电变压器容量为 630kV · A，控制中心配电变压器容量为 500kV · A。

（6）无功功率补偿　本工程正线负荷仅为少量照明、变电所动力负荷，因此本工程考虑在工程实施阶段正线变电所不设置无功功率补偿装置，变电所预留无功功率补偿装置安装位置及条件。

车辆段内低压用电负荷数量较多，在车辆段变电所低压侧设置集中式电容补偿柜。

（7）变电所设备布置图　变电所的设备布置综合考虑了以下几个因素。

1）设备操作通道和维护通道应满足规范相关要求。

2）设备布置充分考虑设备之间的电气联系，工艺走向合理，电缆走向顺畅，运营维护方便。一方面可以节省电缆，另一方面方便了将来的检修维护。

3）电缆敷设通道，混合变电所下设置 1.9m 净高电缆夹层。

4）操作维护通道。根据规范要求和设备的实际情况考虑操作通道和维护通道。

图 4-3 所示为牵引变电所设备布置平面图。

4.1.8　牵引网

正线牵引供电系统采用直流 750V 柔性架空接触网系统。

正线架空接触网正常运行时采用双边供电，故障状态下通过接触网联络开关构成大双边供电。车辆基地、停车场线接触网采取单边供电。当车辆基地、停车场牵引变电所出现故障状况时，通过正线与停车场或车辆基地之间的接触网联络开关，将正线电源引入车辆基地、停车场中。

（1）接触网主要设计条件

1）线路概况。沈阳市浑南新区现代有轨电车一期工程线路全长约 65km，除部分下穿公路桥段外，其余均为地面线。线路具体情况由表 4-9 列出。

表 4-9　浑南新区现代有轨电车一期工程线路概况

名　称	参 数 值
轨距	1435mm
最小曲线半径	30m（正线）；25m（车辆基地、停车场）
最大坡度	30‰（正线）
道岔类型	1/6 号（正线）；1/6 号、1/3 号（车辆基地、停车场）
最大外轨超高	120mm
钢轨类型	Ri60 槽型轨

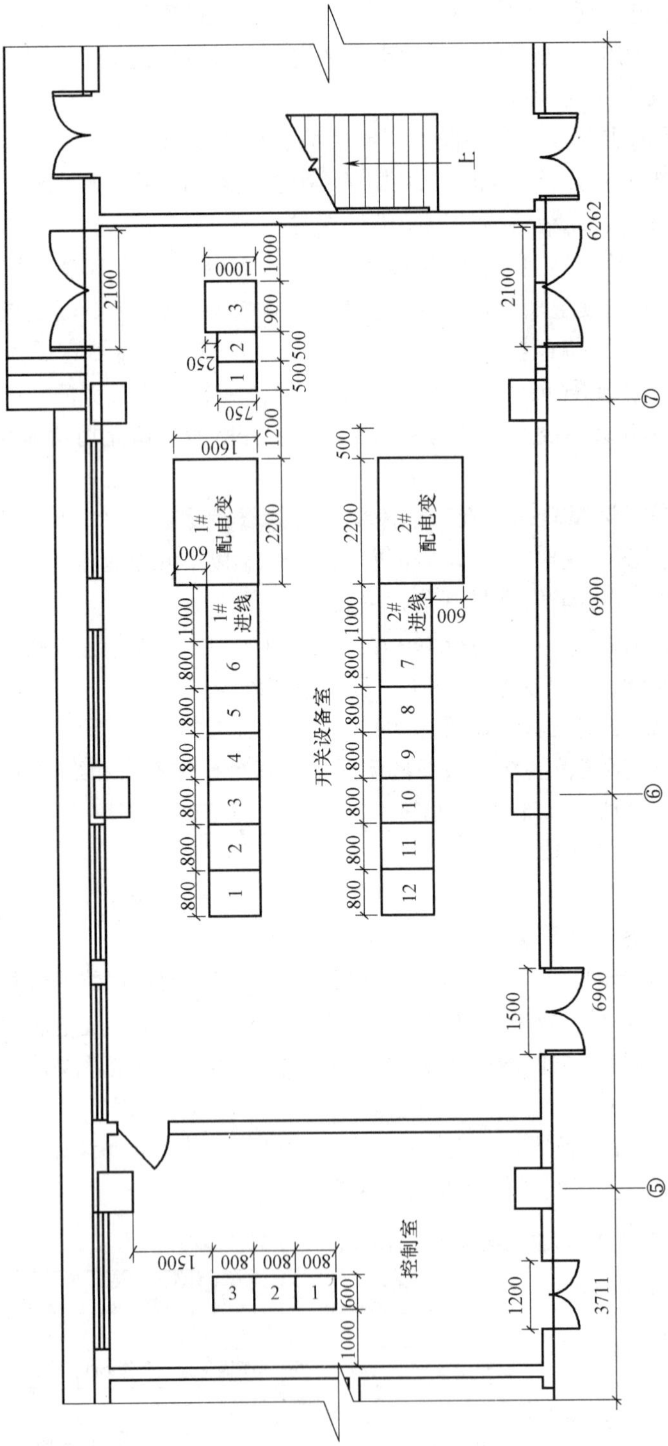

图 4-3 牵引变电所设备布置平面图

2）限界要求。根据初步设计技术规定中“限界”的规定，曲线地段的各种限界建立在直线地段限界的基础上，并由相关专业按不同曲线半径和超高以及车辆的有关尺寸分别计算加宽和加高尺寸。

3）气象条件。表4-10所列为浑南新区现代有轨电车一期工程线路气象条件。

表4-10　浑南新区现代有轨电车一期工程线路气象条件

名　称	单　位	数　值
最高气温	℃	+35
最低气温	℃	-35
最大风时气温	℃	+10
最大风速	m/s	30（风偏计算值）
		35（结构计算值）
雷暴级别	中雷区	
污秽等级	重	
地震烈度	≤8度	

4）供电条件。正线接触网系统采用双边供电方式。接触线为正极，走行轨为负极，额定电压750V，电压工作范围为500～900V。

停车场线、车辆基地采用单边供电方式。

（2）接触网悬挂方式

1）正线地面接触网悬挂。沈阳市浑南新区现代有轨电车一期工程是具有混合路权的有轨电车线路，采用现代有轨电车制式，机车运行速度要求不高，电车运行速度一般在70km/h以下，旅行速度约为23km/h。考虑到本工程车辆编组数量少，牵引供电电流较小，接触网采用带弹性吊索简单悬挂方式。

地面接触网立柱方案大致有两侧立柱、中间立柱、门型架立柱及软横跨等形式。各种方案在技术上均可行，国内轨道交通中均有应用，都有各自的特点。本工程根据不同线路状况，采用不同的悬挂方式。线间距7m及以下路段采用中间立柱方式，线间距7m以上路段采用两侧立柱方式。

在重点地段如二十一世纪广场、奥体中心、带有联络线的路口、小曲线半径的路口、奥体中心综合交通枢纽与二十一世纪大厦综合交通枢纽，以及引至上述两交通枢纽的出入线，因其特殊的景观要求，采用断接触网方式，此方式的实施需与车辆专业配合确定车载电池/电容容量，并且需配合行车组织、运营组织等来确定电车通过方式。

2）正线下穿桥区段接触网悬挂。接触网采用柔性简单悬挂，利用吊柱或弓型腕臂方式悬挂。

3）车辆基地、停车场接触网悬挂。车辆基地、出入线及试车线采用绝缘旋转腕臂的单支柱接触网悬挂方式。

车辆基地、停车场露天范围停车线、检修线等采用单支柱及软横跨接触网悬挂方式。

车辆基地、停车场库房内根据库内具体情况采用软横跨接触网悬挂方式或绝缘旋转腕臂的吊柱接触网悬挂方式。

4）断接触网路段设置方式。在大学科技城站路口、广场东站路口、全运北路西口路口、沈中大街站路口、沈本大道站路口、三环线北站-育才中学站区间路口、育才中学站-东大软件园站区间路口、东大软件园站-亚太花园站区间路口、二十一世纪大厦路口、时代广场站至浑南四路站区间小曲线路口、奥体北路-浑南四路站区间小曲线路口、富民街站路口、四环站后路口、会展中心站至会展中心路口段、二十一世纪大厦路段、奥体中心路段、奥体中心综合交通枢纽与二十一世纪大厦综合交通枢纽，以及引至两交通枢纽的出入线采用断接触网方式。对于大学科技城站路口、广场东站路口、奥体北路-浑南四路站区间小曲线路口、富民街站路口、四环站后路口、全运北路西口路口、沈中大街站路口、沈本大道站路口、三环线北站-育才中学站区间路口、育才中学站-东大软件园站区间路口、东大软件园站-亚太花园站区间路口、二十一世纪大厦路口，接触网在靠近路口支柱下锚，路口段没有接触网通过，利用车载电池/电容通过该路口。对于会展中心站至会展中心路口段、女人街站至奥体北站西侧小曲线路口段、二十一世纪大厦路口至二十一世纪大厦综合交通枢纽段采用全断接触网方式，并且在二十一世纪大厦站、会展中心站，以及两个综合交通枢纽内设置充电装置为车辆提供电能。

（3）接触网悬挂类型　接触网悬挂类型见表4-11。

表4-11　接触网悬挂类型表

区　段	悬挂类型	导线组成
地面段（正线）	带补偿简单悬挂	1根接触线+1根架空地线
渡线	带补偿简单悬挂	1根接触线+1根架空地线
出入段线、试车线	带补偿简单悬挂	1根接触线+1根架空地线

表4-12列出了接触线线材规格及张力。

表4-12　接触线线材规格及张力

线　材	导线规格	张　力
接触线	CTAH150	12kN（额定张力）
架空地线	JT-120	最大工作张力12kN

（4）接触网主要技术参数　接触线高度定义为：

1）正线及出入段线接触线高度。接触线工作悬挂点距轨面连线的高度一般为5300mm。路口等特殊地段以实际情况为准，跨中接触线最低点不得低于该路段市政允许限高值，接触线悬挂点的高度按不大于5‰的坡度处理。

2）下穿桥段接触线高度。下穿桥段以现场净空为准，跨中接触线最低点不得低于该路段市政允许限高值。

3）车辆基地、停车场接触线高度。露天范围电气化股道接触线工作支悬挂点距轨面连线的高度为5400mm，洗车库、停车列检库、静调库内接触线工作支悬挂点距轨面连线的高度为5400mm，月检库内接触线工作支悬挂点距轨面连线的高度为5700mm。

跨距长度按照地面段、下穿桥段、锚段长度、接触导线坡度及转角、拉出值、绝缘距离分别说明如下。

1）地面段。柔性悬挂的跨距应根据其悬挂类型、线路曲线半径、受电弓工作宽度、接触线的风偏值等因素确定，最大跨距不大于40m。

相邻两跨距之比，不宜大于1.5∶1，下穿桥入口段、车场咽喉区等困难地段，不宜大于2∶1。表4-13所列为接触线跨距选用依据。

表4-13 接触线跨距选用依据

曲线半径/m	最大跨距/m
25	8
50～80	10
100	15
150	20
200～250	25
300～400	30
500～800	35
1000～2500	40
直线	40

2）下穿桥段。接触网悬挂点的跨距一般为20m左右。相邻两跨距之比不宜大于1.5∶1。

3）锚段长度。接触网锚段长度一般小于1500m，特殊地段应根据线路条件确定。

接触网在锚段的终端处设置自动张力补偿装置，并在锚段中部设立中心锚结。

当锚段长度小于750m时，一端设自动张力补偿装置，一端设硬锚。

4）接触导线坡度及转角。悬挂接触线高度变化时，其坡度不宜大于3‰，确有困难时允许采用5‰。

正线接触线非工作部分改变方向时，与原方向的水平夹角一般不大于6°，渡线或其他线路的接触线及正线接触线的非工作支部分与原方向的水平夹角一般不宜大于10°。

5）拉出值。接触线定位点的直线上拉出值一般为200mm。曲线则根据曲线半径及外轨超高值最终确定，且最大不得超过250mm。

6）绝缘距离。绝缘距离应符合《地铁设计规范》的要求，即直流750V系统的带电体距结构体、车体的最小净距：静态25mm，动态25mm。

（5）支柱、支柱基础　通过对国内外常用接触网支柱与基础型式对比分析研究，结合国内沈阳的自然气象条件，所提方案均经过试验检验。

1）支柱。采用“H”型钢支柱。软横跨支柱根据受力情况采用“H”型钢支柱或锥型钢支柱。

2）支柱基础。开挖基础坑用混凝土及地脚螺栓进行基础浇注。

3）支柱侧面限界。接触网支柱侧面限界一般不小于1.9m。

（6）分段及隔离开关设置　电分段是轨道交通领域针对直流供电划分供电区间的一种技术形式。隔离开关是一种没有熄弧装置的开关电器，接触网在无载情况下进行倒闸和电气隔离。

1）电分段设置原则。在正线牵引变电所的其中一个正馈线上设置电分段。

在车辆基地、停车场出入线与正线的连接处设置电分段。车辆基地、停车场停车列检库、静调库、月修库入口及洗车库均设电分段。车辆基地、停车场内不同供电分区间设电分段。

除牵引变电所正线电分段采用绝缘锚段关节形式外，其余电分段均采用分段绝缘器形式。

2）电连接设置原则。

道岔处接触网设置电连接。

上下行接触网接触线之间每隔 70m 左右设置电连接。

非绝缘锚段关节设置电气连接。

车辆基地、停车场内同一供电分区的股道间接触网设置电连接。

3）隔离开关设置原则。

变电所引至正线接触网的上网开关及联络开关设电动隔离开关。

变电所引至车辆基地、停车场接触网的上网开关设电动隔离开关。

车辆基地、停车场的不同供电分区之间设电动隔离开关。

（7）保护措施　任何一条轨道交通线路中的保护措施都是必不可少的。沈阳浑南新区现代有轨电车对接地、防雷和车辆通行平交道口进行了重点考虑。

1）接地保护。正线设置贯通的架空地线，架空地线接至牵引变电所的公共接地网上。

接触网不带电的金属底座等装置的金属接地部分均连接到架空地线处。

平交道口及地面车站处的接触网支柱需专门设置接地极，接地电阻不大于 10Ω，同时设立绝缘沥青层，以保护人身安全。

2）防雷保护。

上网点隔离开关处设避雷器。

空旷地面线接触网每隔 300m 设置 1 处避雷器。

空旷地面线接触网架空地线每隔 200m 设置 1 处电压均衡器。

3）平交道口保护。

本工程线路基本都是地面线，跟市政道路的平交道口有 120 余处，为避免人身及设备受到损伤，接触网在通过平交道口时接触线高度除有特殊要求的干道路口满足市政要求高度外，其余路口接触网跨中最低点不得低于 5000mm，以方便车辆的通行。

为保护横穿线路来往车辆的安全以及接触网线索不受损坏，在平交道口两侧需设置接触网限界门，保护车辆及接触网设备安全。

4.1.9　电力监控系统

（1）控制中心电力调度系统方案　沈阳市浑南新区现代有轨电车一期工程电力监控系统的设计范围包括变电所综合自动化系统设计、控制中心电力调度系统设计以及供电车间复示终端的设计。

变电所综合自动化系统设计包括 37 座牵引降压混合变电所及控制中心降压变电所的变电所综合自动化系统。

电力调度系统除实现对供电系统设备的监控功能外，还可以实现供电系统管理功能。供电系统管理功能的操作平台为设于控制中心电力调度系统的维护工作站。

（2）变电所综合自动化系统构成　具备降压变压器的变电所设置变电所综合自动化系

统。作为末端设备，车辆段跟随式降压变电所通过光缆引入车辆段牵引降压混合变电所综合自动化系统。

变电所综合自动化系统采用分层、分散、分布式网络结构，并负责包括10kV综合监控保护装置、750V综合测控保护装置和400V综合测控保护装置等各类设备的接入，但设备本身不包含于变电所综合自动化系统。

（3）变电所综合自动化系统方案　本工程各外电源引入的牵引降压混合变电所综合自动化系统结构如图4-4所示。每套综合自动化系统配置以下设备：两套监控单元、一台以太网交换机、一套监控工作站和一面综控屏。

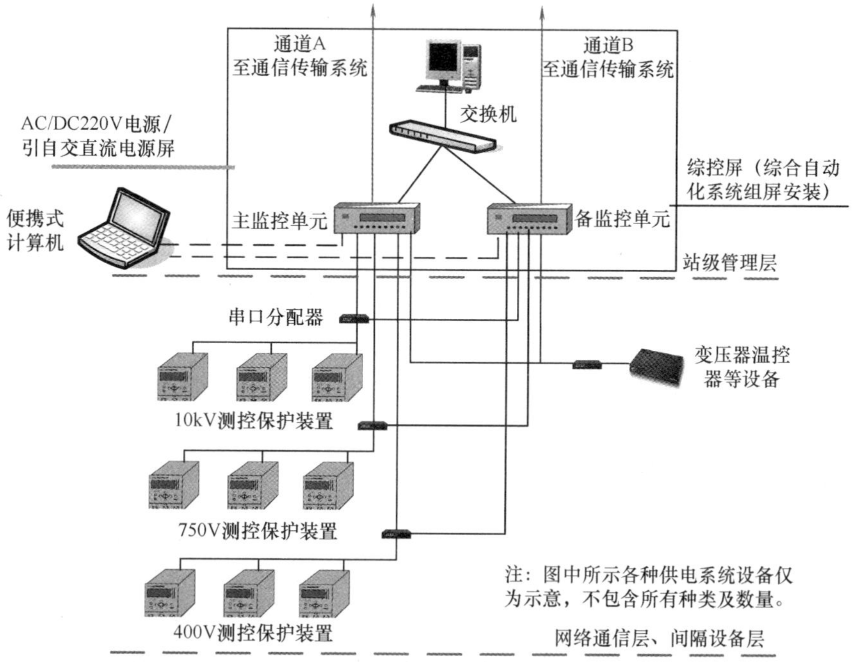

图4-4　外电源引入变电所综合自动化系统结构示意图

此类变电所综合自动化系统设置双冗余的监控单元，两台监控单元按照热备方式工作：正常情况下指定1#单元为主用设备，2#单元处于热备用状态。当1#单元退出运行时，处于热备状态的2#单元在5s内自动投入使用。若1#单元故障修复后具备正常工作的条件，则1#单元进入热备用状态，2#单元作为主用设备运行。两个单元之间的切换也可以通过人机界面上手动操作来实现。

普通降压变电所的综合自动化系统结构如图4-5所示。每套综合自动化系统配置以下设备：一套监控单元、一套监控工作站和一面综控屏。

全线统一配置便携式维护计算机控制器，用于对变电所综合自动化系统进行软件和系统维护。

系统由变电所交直流屏提供不间断交直流220V电源，变电所综合自动化系统不配置单独的UPS电源。这样既能实现变电所内交直流屏资源的共享，也能减少建设投资和运营单位的维护费用。

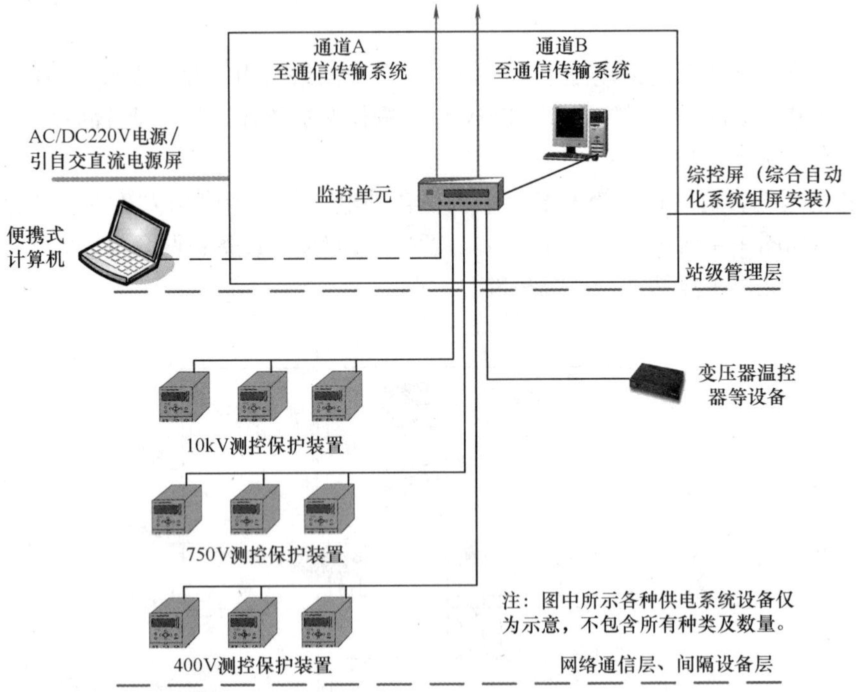

图 4-5　普通降压变电所综合自动化系统结构示意图

4.1.10　杂散电流腐蚀防护

杂散电流腐蚀防护系统采用“以防为主，防排结合”的原则进行设计。走行轨下设置绝缘垫，杂散电流腐蚀防护系统设置监测网和杂散电流排流网。

（1）杂散电流腐蚀防护方案　城市现代有轨电车基建主体结构钢筋、电气设备、沿线附近的金属管线经常遭受杂散电流的电化学腐蚀。线路设计过程中，通过对车辆运行区段划分，形成以下技术方案。

1）正线线路。

本工程线路敷设方式为地面线路，局部线路敷设于既有桥梁上，提出具体防护方案如下。

本工程正线道床均采用整体道床，轨道专业走行轨安装采取绝缘措施，走行轨对地过渡电阻不小于 2Ω · km。

整体道床的钢筋与路基底板钢筋以及桥梁钢筋均无任何电气连通。

路基在全线设置良好的排水设置，防止雨水在线路范围内积存。

2）车辆段与停车场。

针对车辆段与停车场的特点，杂散电流的防护从钢轨回流以及轨道绝缘入手，主要考虑采用以下措施。

车辆段库内线路走行轨与库外线路之间设置绝缘节，库内走行轨绝缘安装，从而降低车辆段范围内杂散电流泄漏量。

车辆段根据牵引网电分段情况设置牵引回流回路，使牵引电流就近回流。

车辆段内热力、燃气、给水排水等管道采用绝缘性能好的塑料管，如果采用金属管道，应具有双倍加强的绝缘保护层。进出车辆段的各类金属管线在进出车辆段的部位设置绝缘法兰或绝缘短管，与城市管网在电气上隔离，避免杂散电流通过金属管线向车辆段外部泄漏。

3）其他建议。

PU 是一种树脂材料，由于其耐油、耐老化、耐辐射等优良性能，在日本这种材料已经被广泛应用于铁路轨枕、土木建筑等领域。日本的包括新干线的许多铁道公司都采用了 PU 轨枕，而国内的一些地铁线路也采用了该材料，如广州地铁 4 号线、上海地铁 8 号线。

由于 PU 轨枕具有以上性能，同时与混凝土轨枕相比较，混凝土轨枕在潮湿的环境中电阻大大降低，使得走行轨对地过渡电阻降低，PU 轨枕的电阻值受潮湿环境的影响小。建议本工程可以采用 PU 轨枕，同时仍然保留在走行轨和轨枕之间设置绝缘垫，以达到杂散电流“以防为主”的防护原则，从源头减少杂散电流的泄漏量。

（2）杂散电流腐蚀排流方案　回流轨对地电阻随着运营时间推移，走行轨对地泄漏电阻不断降低，从而导致杂散电流逐渐增大，因此设置的排流系统将杂散电流尽量通过排流系统收集，减少杂散电流对于本工程外部地下金属管线及构筑物的危害。

排流网系统为杂散电流泄漏后遇到的电阻较小的回流通路，可以将杂散电流引至各牵引变电所负极的母线回流排，从而将杂散电流限制在本系统内部，阻止其继续向有轨电车系统以外的地方泄漏。

1）排流网的设置。

通过利用道床内的钢筋进行机械连接，形成电气通路，逐层建立起杂散电流的排流网，使杂散电流从走行轨流向道床后，可以再次通过排流网并经走行轨流回牵引变电所。

通过合理地选择杂散电流排流网的钢筋截面，使杂散电流流过钢筋引起收集网的纵向压降不大于 0.1V。按照走行轨对地绝缘电阻值不小于 2Ω · km 进行计算，考虑到全线统一，按照最大牵引变电所间距 2km 进行计算，排流网面积为 $3000mm^2$，全线排流网界面统一规格为 $3000mm^2$。

本工程全线及车辆段内均为整体道床型式。利用整体道床及路基内钢筋作为杂散电流腐蚀防护的收集钢筋网。

道床收集钢筋网在道床结构变形缝或沉降缝断开（约 6.25m 一处），并在两侧引出测量端子。纵向排流钢筋网通过绝缘电缆将所有引出道床表面的测量端子连接成连续的排流网，以建立一条低阻抗的杂散电流收集、排放通路。最后将杂散电流通过排流柜内的单向导通元件使杂散电流流回至直流负母线。

2）排流柜。

每座牵引变电所内均设置了一台杂散电流排流柜，排流柜的一端通过电缆与牵引变电所负极柜的负母排相连，另一端与杂散电流排流网的排流端子相连。

排流柜在线路开通时安装到位，但杂散电流值在满足要求时排流柜不投入运行。只有当监测到道床排流网钢筋极化电位值超过设定数值时，排流柜才投入运行，道床排流网开始排流。

排流柜应具有如下功能：

单向极性排流。

自动调节排流电流值，大电流限度排流。

自动监测记录排流网的排流电流值。

具有与电力监控的数据通信功能。

（3）杂散电流腐蚀监测系统方案　杂散电流监测系统有分散式和集中式两种方案。

分散式杂散电流监测系统结构简单，便于施工，但无法同时对全线杂散电流泄漏进行实时监测，不便于运营管理。同时由于工作人员需要逐个进行测试，增加了工作强度。

集中式杂散电流监测系统可以满足实时监测杂散电流泄漏的情况，并及时做出判断，做出针对性处理措施。运营管理及维护比较方便。

因此，本工程推荐采用集中式杂散电流监测系统。

杂散电流的监测系统由两部分组成：杂散电流监测装置与杂散电流监测网。杂散电流监测装置通过监测网来采集结构钢筋的杂散电流监测数据。

1）监测系统的构成。

杂散电流监测系统由参比电极、道床钢筋测试引出端点、结构钢筋测试引出端点、传感器、信号转接器、监测装置等组成。监测系统的数据可以实时上传给电力监控系统。

在正线适当位置设置杂散电流信号转接器，通过通信电缆将传感器采集到的原始数据引入到信号转接器，信号转接器进行地址信息处理后再上传至监测装置。监测装置将数据保留并上传到电力监控系统，再通过通信信道传输至控制中心，将杂散电流信息分检后输入到杂散电流监测系统上位机进行数据显示及管理。

为保证杂散电流防护设施正常使用，应根据防护监测的情况对杂散电流各项防护指标进行维护性检查测量，检查测量内容应包括走行轨对结构钢筋过渡电阻、走行轨对道床钢筋过渡电阻、金属管线接头电阻和钢筋极化电位等。

2）监测网。

为保证行车安全，减少杂散电流对走行轨固定金属部件的腐蚀及避免杂散电流对结构钢筋及结构外金属管线的腐蚀，采用将道床钢筋网同时用作杂散电流监测网的方法对杂散电流泄漏进行实时监测。

结构钢筋杂散电流监测网由道床钢筋构成。结构钢筋通过焊接构成电气连通的低阻抗回路，并在道床伸缩缝引出的连接端子，以40mm×4mm扁钢相互连接成连续的网络。

对于杂散电流监测网，杂散电流监测系统可以监测到由于杂散电流引起构钢筋的极化电位，并将道床钢筋纳入到监测网系统中。

当监测到钢筋网的极化电位超过要求时，说明走行轨对地绝缘已不符合杂散电流防护的要求。此时，需要对轨道加强检查、清扫、维护及修复工作，恢复轨道与道床之间良好的绝缘状态，限制并降低杂散电流向有轨电车外部的泄漏。

3）监测点的设置。

高架桥区段。在桥梁的两侧各设置测试点2个。监测点处杂散电流传感器电源引自相邻牵引变电所。在测试端子1m范围内设置参比电极。

地面区段。在全线地面线路区段，变电所所在里程位置设置4个测试点，上下行各2个。

4.1.11　正线动力照明

根据用电设备的重要程度，本工程动力照明负荷划分为三级，具体如下。

一级负荷：通信、信号及应急照明。通信、信号配电方式为由变电所引来一路电源供电，通信、信号自带 UPS 电源，应急照明仅在车站设置，采用单灯自带蓄电池的配电方式，当市电失电时，由单灯自带的蓄电池持续供电，供电时间不小于 60min。

二级负荷：路灯照明，由变电所引来一路电源供电。

三级负荷：对供电没有特殊要求的广告照明等。

车站照明由就近的变电所引来引路电源配电，并在车站两端分别设置照明配电箱，两配电箱采用 T 接的接线方式。在车站设置应急照明，应急照明采用单灯自带蓄电池的配电方式。通信设备设置在变电所附近，由变电所引来一路电源配电，通信系统自带 UPS 电源。信号电源箱设置在线路道岔区，由就近的变电所引来一路电源配电。在区间沿线设置区间照明，照明尽可能利用区间接触网的灯杆。区间路灯采用 TT 系统，供电分界里程为两变电所中间里程。

4.1.12　系统谐波计算与分析

本工程供电系统中的主要谐波源为牵引整流装置、区间照明灯具等低压动力照明负荷。由于线路多为地面线路，车站形式简单，低压负荷数量较少，谐波主要来自于牵引整流器，其他设备所产生的谐波相比之下要小得多，可以忽略不计。

牵引整流器产生的谐波的频次、幅值和相位取决于加在整流器上的交流电压波形、整流器结构、控制方式、交流系统的阻抗及直流回路的参数等诸多因素。在牵引整流器产生的谐波中包括特征谐波和非特征谐波，其中特征谐波只有 $kp\pm1$ 次谐波（其中，p 为整流器脉波数；$k=1$、2、3…），可以通过谐波分析计算得到准确数据。而非特征谐波的频次、幅值和相位等数值的大小取决于整流机组的制造技术和电网的电压质量，只能通过经验数据进行估算或通过实际测量获取。

为减少谐波对电气设备的影响和危害，谐波水平满足国家标准《电能质量公用电网谐波》。本工程牵引供电系统在正常运行方式下采用单机组 12 脉波整流装置，较常规轨道交通的等效 24 脉波整流装置谐波含量要大，因此更需要对供电系统谐波进行计算，分析其是否能满足国家标准要求。

计算条件为

（1）牵引变电所交流额定电压　10kV。

（2）牵引变电所直流额定电压　750V。

（3）开闭所 10kV 母线短路容量　200MV·A（假定）。

（4）牵引变压器容量（正线牵引变电所）　630kV·A。

（5）整流变压器脉冲数　12。

（6）整流变压器台数　1。

中压网络谐波源中牵引整流机组对谐波电流影响最大。因此，选择中压网络中牵引变电所数量最多的供电分区进行验算，本工程选择 6#供电分区，共包括 5 座牵引变电所。

4.2　苏州高新区现代有轨电车工程

苏州高新技术开发区有轨电车工程选用钢轮钢轨 100% 低地板有轨电车系统，系统供电系统采用架空接触网或地面牵引供电系统授电（DC750V），回流采用钢轨。

本工程的车站与城市轨道交通传统意义上的车站完全不同，类似于普通公交候车站，车站无须专门设置降压变电所。因此牵引变电所的设置可根据供电计算及线路的沿线地形条件设置，无需考虑车站的设置。为满足牵引变电所内控制、照明、通风空调的需要，牵引变电所内均需加装降压变压器，成为牵引降压混合变电所。

由于系统的信号系统选用道路信号灯系统，牵引供电系统需满足特殊情况下同一路口多辆电车同时启动运行的恶劣工况。

4.2.1 供电系统概述

供电系统由供电方案、牵引/降压混合变电所（站）、牵引网（包括直流馈线、接触网、导轨和回流电缆）、动力照明供电系统、电力监控系统（SCADA）及杂散电流防护系统等组成。

4.2.2 执行规范及主要设计原则

1. 执行规范

供电系统按一级负荷设计，就近引入 10kV 地方电源，采用分散供电方式或分散与集中混合供电方式。

电系统设计应满足安全、可靠、经济和调度简洁灵活的要求。

正线牵引变电所的布点及设备容量，应满足与其相邻的一座牵引变电所解列时，远期高峰小时牵引负荷及供电电压质量的要求。

每座牵引变电所内设 2 套整流机组。为减少对电力系统的谐波影响，整流机组采用等效 24 脉波整流方式。

整流机组容量满足 GB 10411 和 IEC-146 VI 级负荷的要求，即

100% 额定负荷——连续。

150% 额定负荷——2h。

300% 额定负荷——1min。

牵引变电所高压侧额定电压为 AC 10kV，直流侧标称电压值为 DC750V。

牵引网系统的供电制式为 DC750V 接触网馈电方式，接触网最高、最低电压水平按 GB 10411规定。即

最高电压：900V。

最低电压：500V。

牵引网供电效率正常运行方式下高于 85%，牵引变电所供电效率不低于 96%。

当正线牵引变电所有一台整流机组故障时，由另一台整流机组承担该牵引变电所的全部供电。当任一座牵引变电所退出运行时，由相邻的牵引变电所实现越区供电。

全线设电力监控（SCADA）系统对供电系统设备运行状态进行远距离监控。

2. 主要设计依据

GB 50052 《供配电系统设计规范》

GB 50053 《10kV 及以下变电所设计规范》

GB 50054 《低压配电设计规范》

CJ/T 1-1999 《城市无轨电车和有轨电车供电系统》
CJ/T 3011 《无轨电车供电网规划和设计》
GB/T 14549 《电能质量　公用电网谐波》
GB/T 12325 《电能质量　供电电压偏差》
GB 11022 《高压开关设备通用技术条件》
GB 311.1 《高压输变电设备的绝缘配合》
GB/T 16435 《远动设备及系统接口》
GB 6450 《干式电力变压器》
GB/T 17211 《干式电力变压器负载导则》
GB 20052 《三相配电变压器能效限定值及节能评价值》
EN 50123-3 《直流转换隔离开关和直流隔离开关》
EN 50123-6 《直流开关柜装配》
EN 50123-7 《直流牵引系统测量、控制与保护》
GB/T 13926 《工业过程测量和控制装置的电磁兼容性》
GB 50062 《电力装置的继电保护和自动装置设计规范》
以上规范均为当时最新版。

4.2.3 供电方案和供电电源

（1）供电方式比较　城市轨道交通和电车交通系统的供电方案，有集中式、分散式和混合式等不同形式。

轨道交通系统多为地下交通，对供电可靠性要求较高、运营里程长、用电负荷大，大都采用 110kV 集中供电方式。电车交通多为地面交通，对供电可靠性要求较低、运营里程短、用电负荷小，多采用 10kV 或 35kV 分散供电方式。

一般的无轨电车网均采用从城市电网引入中压 10kV 电源，设 AC 10kV/DC 750V 牵引变电所若干个，由牵引变电所向供电区域供电的分散式供电方式。

分散式供电方式的优点是系统规模小，供电距离短，无须专用的系统电缆通道，占地面积较小，工程投资经济，运营管理成本较低，工程实施方便，可以保证有轨电车供电安全可靠。缺点是城市电网电源引入点较多，电源工程费用具有不确定性。

集中式供电方式的做法是从城市电网引入 2 路 35kV 电源，建设 35kV/10kV 主变电所 1～2 座，自建 10kV 配电网络，向全线牵引变电所和降压变电所供电。集中式供电方式的优点是供电可靠性高，外界干扰少。缺点是 35kV/10kV 主变电所本身要占地，配电网络的电缆要走在公共通道上，工程总投资较高。

在分散式供电方式中，城市电网 10kV 电源距离牵引变电所较远、电源工程费用较高时，也可采用混合式供电方案。即有的变电所直接由城市电网提供电源，有的变电所从相邻的变电所通过环网开关取得电源。

具体采用何种供电方式，应结合变电所的具体位置、城市电网引出点、电源路径通道、线路实际等情况综合考虑来确定。

（2）沿线电源分布情况　本工程地处苏州市高新技术开发区，城市电网供电条件比较好，在本工程 K15 处的何山路上有电业的 110kV 开山变电站，可以提供 10kV、20kV 和

35kV 电源。沿线其他地方可提供 10kV 电源的点也较多。

根据电源情况，苏州高新区有轨电车 1 号线工程的牵引变电所可以采用分散式供电方式或混合式供电方式，由城市电网分别引入 10kV 电源。全线 10 座牵引变电所分别从电业的 5～6座 35kV/10kV 变电站共引入 20 路 10kV 电源，用于全部牵引及动力照明用电。

4.2.4 牵引变电所设置方案

（1）牵引变电所的设置　牵引变电所的设置应满足在远期高峰小时下，本变电所任何一路电源故障或相邻变电所故障时，仍能保证有轨电车的正常运行的需要。

本工程的车站与城市轨道交通传统意义上的车站完全不同，类似于普通公交候车站，车站无须专门设置降压变电所。因此牵引变电所的设置可根据供电计算及线路的沿线地形条件设置，无需考虑车站的设置。为满足牵引变电所内控制、照明、通风空调的需要，牵引变电所内均需加装降压变压器，成为牵引降压混合变电所。

1）变电所设置方案一。

根据电车运行情况及近期 2min 行车间隔的运营要求，经初步估算，拟在正线设置 9 座牵引变电所，在停车场设置 1 座牵引降压混合变电所。各牵引变电所站位置情况详见表 4-14。

表 4-14　方案一：有轨电车牵引变电所设置位置情况

序　号	牵引变电所名称	位　置	里程/m	间距/m
1	第 1 座牵引变电所	龙安路	YK0 +943	943
2	第 2 座牵引变电所	太湖大道（靠龙山路）	YK2 +800	1900
3	第 3 座牵引变电所	太湖大道（明山桥下）	YK5 +300	2500
4	第 4 座牵引变电所	太湖大道	YK7 +700	2400
5	第 5 座牵引变电所	预留站	YK9 +900	2200
6	第 6 座牵引变电所	预留站	YK11 +500	1600
7	第 7 座牵引变电所	预留站	YK13 +000	1500
8	第 8 座牵引变电所	预留站	YK15 +700	2700
9	第 9 座牵引变电所		YK17 +100	1400
10	车辆段牵降变电所	车辆段内		1570

2）变电所设置方案二。

拟在正线设置 9 座牵引变电所，在停车场设置 1 座牵引降压混合变电所。各牵引变电所站位置情况详见表 4-15。

3）方案比选。

由于有轨电车沿线道路两边的地块大多已出让使用权，给牵引变电所的位置选择带来较大影响，根据规划的要求，牵引变电所的位置选择应选择公共用地，不宜设置在已出让地块内。方案二中的 6 号、7 号牵引变电所的位置基本处在道路红线外面（道路将拓宽），需要适当占用少量的出让地块用地。方案一虽然增加了一座牵引变电所，但所有用地都在红线内，不会占用出让地块用地。另外，方案一较方案二增加了一座牵引变电所，使得牵引负荷的分布更加均匀，牵引电网的质量更好，同时降低了回流轨的平均电压降，降低了有轨电车在地面运行时对行人可能造成的危险，减少了杂散电流对四周地下管线的腐蚀。综合以上述因素，苏州有轨电车选择了方案一。

表 4-15　方案二：有轨电车牵引变电所设置位置情况

序　　号	牵引变电所名称	位　　置	里程/m	间距/m
1	第 1 座牵引变电所	龙安路	YK0 +943	943
2	第 2 座牵引变电所	太湖大道（靠龙山路）	YK3 +324	2381
3	第 3 座牵引变电所	太湖大道（明山桥下）	YK5 +140	1816
4	第 4 座牵引变电所	太湖大道	YK7 +883	2743
5	第 5 座牵引变电所	建林路（靠太湖大道）	YK10 +411	2582
6	第 6 座牵引变电所	华山路（中段）	YK12 +543	2132
7	第 7 座牵引变电所	何山路（靠湘江路）	YK14 +762	2219
8	第 8 座牵引变电所	珠江路	YK17 +050	2288 1570
9	车辆段牵降变电所	车辆段内		

（2）牵引变电所电气接线　每座牵引变电所从电业引入 2 回独立的 10kV 电源，每路进线容量 1500kV · A，两路电源同时受电，互为热备用。当一路电源失电时，另一路电源自动投入，自动投入的条件是“失压自投，过流闭锁”。变电所进出线断路器采用真空断路器，保护采用测控一体化继电装置。

每座牵引变电所设置 2 台牵引变压器，容量为 2 ×630kV · A。设 2 套整流机组，每套机组为 12 脉波整流，共同构成等效 24 脉波整流。牵引机组的容量须按远期的牵引负荷设定。整流机组负荷等级应满足 GB10411 和 IEC-146 VI 级规定，即

100% 额定负荷——连续。

150% 额定负荷——2h。

300% 额定负荷——1min。

牵引网最高电压不得高于 900V，最低电压不得低于 500V。谐波治理应满足 GB/T14549 的要求。

整流机组直流侧装设电动隔离开关，整流机组和整流变压器由交流侧断路器保护，直流馈出设置直流快速断路器。直流馈出柜及备用柜采用微机综合保护（框架保护）及控制装置，具有触线网和馈出电缆热过负荷及短路保护。

变电所内设置直流电源屏，供应控制、保护和自动化用电。

正线牵引变电所设动力变压器2台，动力变压器容量考虑为50kV·A，主要用于变电所内继电保护、照明及空调。车辆段设牵引降压混合变电所1座，设2台动力变压器，容量为2×800kV·A，为车辆段的全部动力照明提供电源。

分散式供电不同于集中式供电，各牵引变电所的10kV进线电源来自不同的电网，线路阻抗不同，各牵引变电所之间存在电压不等、相位不同的可能性。为此，在有轨电车接触网线路上采用单边供电形式较为合理。

（3）牵引变电所模式选择的建议　因变电所单独建设，变电所的建造模式可以采用“箱式牵变”的型式，也可以采用传统的“土建牵变”的型式。

现对牵引变电所的模式选择做综合的比较。

1）“土建牵变”的特点。

国内既有已运营的轨道交通牵引变电所皆是常规的房间式布置，且大多数是与车站合建，与车站合建的牵引变电所为满足车站主体结构的受力要求，变电所内需设置立柱、横梁和底梁，其次受车站其他设备房及管线的限制，还需考虑人员进出变电所的通道、消防通道和设备运输通道等，这些因素导致了牵引变电所增加了许多对变电所专业来说无用的房屋面积。

根据初步匡算，本工程土建式牵降变电所的外形尺寸为：长×宽×高=17.4m×7.2m×7.3m，约126m^2。变电所地下部分1.8m，在地面以上为5.5m。

2）“箱式牵变”的特点。

“箱式牵变”是将高压开关设备、变压器、直流开关设备和低压电器等设备按照最小空间的原则，集成在1个或若干个集装箱内，达到与普通变电站相同的作用。箱式变电站有美式和欧式两种类型，均以其模块化设计、成套性强、体积小、结构紧凑、现场土建和安装工作量少、运行安全可靠和维护简单的优势在国外的电力系统、城市轨道交通等领域被采用。目前国内的居民小区、中小型工厂以及临时施工用电等场所也有使用，天津有轨电车滨海线采用了5台箱式牵引变电站，上海地铁一号线的北延伸线和莘闵线采用了5台箱式牵引变电站。

“箱式牵变”因市场较小，大多为非标产品。据了解天津滨海线采用的“箱式牵变”为江苏长江电器集团公司的产品，该公司为我国的直流牵引设备制造商之一。上海地铁一号线的北延伸线和莘闵线采购的箱式牵引变电所为美国Powell Electrical Mfg公司的产品，该公司在美国实力较强，生产箱变的历史也较长，但在国内没有生产基地，也没有继续供货的业绩。

针对“土建牵变”和“箱式牵变”做了同精度的设计，变电所所址的选择完全一致。相比较而言，箱式变电所有如下特点。

“箱式牵变”的面积是“土建牵变”的1/2，室外高度从5.5m降低到3.1m（正线牵引变电所基础深1.7m，埋入地下1.4m）。

由于“箱式牵变”是全密封的，为保证设备正常运行，所内设备散热及空气调节全部依赖箱变内的空调，因此空调的功率较一般的“土建牵变”布置大，且需一年四季24h不间断地工作。这种工作方式首先是不节能的，其次导致了所内低压自用电系统容量增加，即增加了车站降压变电所的投资（含变压器、低压柜等）。最后若空调故障，箱内设备将不能正常运行，严重时变电所甚至只能解列，即额外增加了变电所解列的概率。由于“箱式牵变”遵循的规范与“土建牵变”不同，因此其占地面积较小，对周围环境的影响也较小。

“箱式牵变”的基础制作相比“土建牵变”土建工程要简单得多。由于其部分电缆的连接在工厂完成，其下面的电缆数量较“土建牵变”的少，“土建牵变”下面设一层电缆夹层，“箱式牵变”可以考虑设电缆沟，变电所内电缆通道的投资将有所减少。

对于“箱式牵变”，其箱体制造、设备生产和设备安装、接线、单体调试均在工厂完成，箱变的生产可以与其土建工程同步进行，但它们之间的配合工作至关重要，尤其是电缆通道工程的配合。因为箱式变电所依然有许多用于所内设备间的电缆连接及电缆进出变电所的开孔，若配合不好，待箱体运到现场后，由于孔位不对应，现场变更将比较困难。图 4-6、图 4-7 所示分别为箱式牵降变电所的外观图和内部图。

图 4-6　箱式牵降变电所外观图

图 4-7　箱式牵降变电所内部图

3）两种模式变电所比较。

“土建牵变”与“箱式牵变”的经济技术比较见表 4-16。

表 4-16　“土建牵变”与“箱式牵变”的经济技术比较

项　目	土建牵变	箱式牵变
设备可靠性	可靠	较可靠（比“土建牵变”稍差）
设备房可靠性	一样可靠	
全所可靠性	可靠	略差
与其他专业的配合工作量	较多	较少
与厂家的配合工作量	较多	较少
设备投资	一般	略贵
土建投资	接近	
设备运输	方便	较困难
设备安装	各单个设备现场安装，简单	各单个设备工厂安装，箱体现场安装，更简单
设备调试	现场调试，较复杂	工厂调试，较简单
电缆数量及敷设	设电缆夹层，电缆数量较多	设电缆沟，电缆数量较少（部分电缆敷设在工厂完成）
维护保养	一般	工作量大（箱体维护）
售后服务效率及成本	很好（快捷、有效）	

（续）

项　　目	土建牵变	箱式牵变
备品、备件	齐全、到位快、价格适中	
典型尺寸	17.4m×7.2m	14m×4.7m
征地拆迁量	大	小
周围景观	差	好
设备国产化率	高	
温度要求	不高（控制室设空调，其他设备房只考虑通风）	高（箱内恒温）
节能	较节能	不节能（空调需一年四季24h工作）

4）结论。

综上所述，“土建牵变”主要优点是技术成熟，运行经验丰富。主要缺点是占地面积较大，周围景观差。“箱式牵变”主要优点是占地面积小，周围景观好，施工工期短。主要缺点是国内缺乏运行经验，不节能。

因此，本次研究暂按“箱式牵变”进行方案布置和投资估算，在下一阶段根据变电所的规划选址和对箱变的进一步调查研究后再做选择。

4.2.5　牵引网系统

牵引网作为电车提供动力的主要媒介，需要根据城市轨道交通线路的车辆、限界经济性等多个方面进行选择确定。

目前轨道交通的牵引网形式主要有接触网和接触轨两种类型。有轨电车还有地面牵引供电系统。由于本工程以地面线路为主，与横向道路之间为平面交叉，线路不封闭，人员和车辆可穿行线路，因此接触轨系统不适合本工程。适用于本工程的接触网系统主要是架空接触网。

（1）架空接触网系统

1）概述。

常用的接触网制式有DC1500V架空接触网和DC750V架空接触网两种。高新开发区有轨电车工程采用钢轮钢轨电车，根据该车辆特点和要求，选用DC750V架空接触网向车辆提供电源。

架空接触网的悬挂分为刚性和柔性两大类型。刚性接触网悬挂适用于隧道内，当量跨距小于15m。柔性接触网悬挂适用于地面或高架，当量跨距可大于35m。

本工程的有轨电车主要在地面道路上运行，因而选用大跨距的柔性接触网悬挂比较合理。全国各地的地铁、轻轨线的地面线或高架线大多采用柔性接触网悬挂型式。运行实践证明，无论从技术性能、弓网受流关系，还是运营实绩、可靠性方面，都已经比较成熟。

2）架空接触网系统功能及主要设计原则。

架空接触网系统是给车辆受电弓提供持续电能的特殊供电设备，是无备用而直接影响行车的设备。为保证有轨电车最高设计车速70km/h的行驶要求，架空接触网系统应满足环境、车辆等外部条件，并具备良好的弓网受流关系和较小的调整维护量，确保车辆在高速行车中能保持正常稳定的接触受流，必须具备较高的可靠性和尽可能低的维修率。

3）接触网供电研究和设计的原则。

接触网供电研究和设计应体现“满足电车行车速度、提高技术经济性能、实现运行安全可靠”的要求，具体应遵循以下原则。

在电气方面，应满足苏州高新技术区有轨电车电压和电流的要求。接触网导流总截面应满足持续电流及远期高峰小时牵引负荷要求，牵引回流电缆的设置应满足电流截面要求，架空接触网应采取可靠的防雷措施，以保证系统安全运行。

在机械方面，应满足技术先进、可靠、耐腐蚀、寿命长的要求，能适应沿线正线、停车场、库内等各种环境条件，并满足规定的安全系数，同时优先选用满足各项技术指标要求的国产设备。

在安全方面，整个接触网系统应具有完善的接地措施，每座牵引变电所设一个接地网，接地电阻一般不大于 0.5Ω，以保证人身安全。在确保安全可靠的前提下，支持结构还应综合考虑城市景观美化效果。

（2）接触网主要技术参数　电压：DC750V，电压变化范围为 −33% ~ +20%，即 DC500 ~ 900V 的变化范围。

1）接触网系统设计满足有轨电车最大速度为：

直线段 70km/h。

曲线段 30km/h。

试车线 70km/h。

车辆段 20km/h。

2）接触网技术标准：

接触网高度：5300 ± 100mm。

结构高度：1400mm。

锚段长度：≤1500m。

最大跨度：<65m。

拉出值：直线段：±200mm，曲线段：−250mm。

3）接触网设计的气象条件（见表 4-17）。

表 4-17　架空接触网系统设计的气象条件

环境温度		−12 ~ 40℃
最大风速时气温		+25℃
定位器正常位置时温度		+24℃
最大风速	风偏计算风速	28m/s
	结构计算风速	30m/s
覆冰时风速		10m/s
接触线覆冰厚度		2.5mm

4）柔性架空接触网悬挂方案比选。

柔性架空接触网悬挂型式多样，大致可归纳为两大类。

弹性简单悬挂（见图 4-8）：

弹性简单悬挂的悬挂方式简单，支柱高度低，支持装置承受的负载较轻，存在驰度较大、弹性不均匀的缺陷，但在悬挂点处增加一个倒 Y 形的弹性吊索后可得到改善。由于简单悬挂施工简单、便于维护、工程造价低，可适应速度 120km/h 的轮轨交通，城市有轨电车或轻轨大多采用弹性简单悬挂方式。

简单链形悬挂（见图 4-9）：

接触线通过吊弦悬挂到承力索上的悬挂称为简单链形悬挂。链形悬挂承力索悬挂在支柱的支持装置上，接触线通过吊弦悬挂在承力索上，使接触线增加了悬挂点，调节吊弦可以使整个跨距内接触线相对轨面保持一致高度，基本上消除悬挂点处的硬点，弹性比较均匀，但工程造价高。

图 4-8　弹性简单悬挂

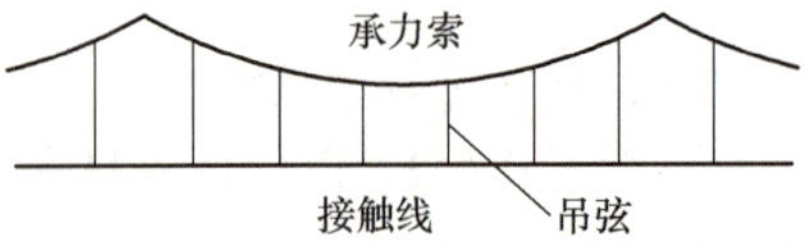

图 4-9　简单链形悬挂

从工程造价低、维护保养方便上考虑，本工程选用弹性简单悬挂方式。

5）有轨电车通过小半径转角处的处理方式。

根据线路专业提供的平面图，苏州有轨电车的部分路口的转弯半径非常小，最小处只有 25m，如何保证电车迅速地通过转角，同时保证道口接触网立杆不太密是值得研究的。

为了保证有轨电车通过小半径转角处的美观及电车快速的通过，根据车辆的性能可采用以下措施：一是在转角道口不设接触网，利用车辆的蓄电池组驱动车辆通过。二是在转角道口设置接触网。

在道口设置接触网采用常规的立杆布置会存在电杆密度大（电杆的间距只有 10m 左右）的问题，会造成其他车辆无法通过路口，并且影响景观。为保证道口交通的通畅，接触网应采用软横跨的结构形式，电杆设置在路边，不影响路口的交通，同时可适当地降低路口的电杆数量。按照常规的立杆方案与采用软横跨方案在转弯路口的电杆布置比较如图 4-10 和图 4-11 所示。

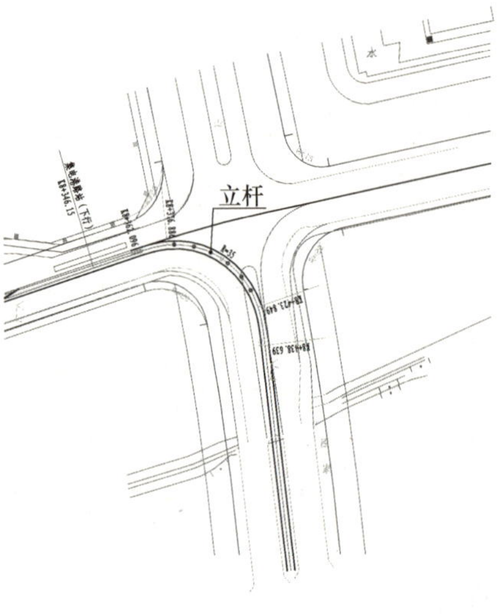

图 4-10　路口常规立杆方案

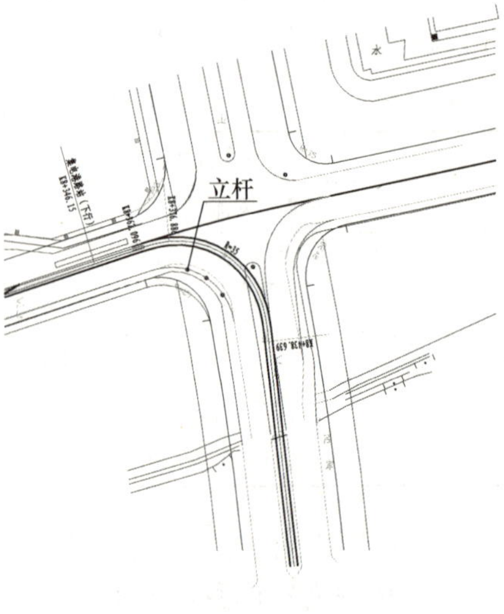

图 4-11　路口软横跨立杆方案

根据本工程沿线道路情况特点，建议在一般路段的转弯处，采用接触网软横跨布置方案。在较大的主干路口，采用诸如无接触网供电方案的其他方案。

4.2.6　继电保护及自动装置

继电保护是供电系统的重要组成部分，对保证供电系统的安全运行，防止事故扩大起着重要作用。继电保护配置应力求简单可靠，重要设备应配置主保护及后备保护，各级保护应相互协调配合。

继电保护功能在符合可靠性、选择性、灵敏性和速动性要求的前提下应力求简化。继电保护装置采用微机型产品。

继电保护功能配置如下：

1）10kV 进线：过电流保护、零序电流保护。

2）10kV 母联：过电流保护、备用电源自投装置。

3）10kV/0.4kV 配电变压器 10kV 侧：高压熔断器保护。

4）整流变压器 10kV 侧：电流速断保护、过电流保护、零序电流保护、过负荷保护、整流变压器本体保护（温度保护等）、整流器内部保护（整流二极管保护、温度保护、过电压保护）。

5）整流机组保护：整流变压器的过负荷及短路由 10kV 断路器保护，整流器过负荷及直流侧短路由 10kV 断路器保护，整流器内部短路由快速熔断器保护。

整流器的过电压保护方式为：换相过电压由并联在整流元件两端的吸收装置保护，操作过电压由接于整流器直流侧的吸收装置保护。

为防止整流器正负母线直接短路，在整流器正负母线之间加强绝缘防护，适当选择整流变压器的短路阻抗以限制短路电流。

6）直流 750V 馈线保护：大电流脱扣保护（直流断路器内）、大电流速断保护（继保）、过电流保护、电流上升率 di/dt 保护、电流增量 ΔI 保护、电车线热过负荷保护、重合闸及双边联跳保护、低阻抗框架泄露保护、线路故障测试保护。

4.2.7　系统防雷、过电压保护

（1）牵引变电所防雷保护与限制过电压措施

1）变电所 10kV 母线设避雷器，限制雷电波的入侵，保护变电所内的供电设备。

2）牵引变电所馈线出口设避雷器，限制雷电波的入侵，保护变电所内的供电设备。

3）牵引变电所整流器侧正负极间设避雷器，作为内部过电压保护用。

（2）接触网防雷保护与限制过电压措施　苏州地区属多雷击地区，为有效保护接触网和整个牵引供电系统的运行安全，在接触网正线、车辆段设置避雷器和架空地线。

1）正线上，架空地线每隔 250m 通过放电间隙接地，接地电阻不大于 10Ω。

2）正线上，接触网每隔 500m 设置避雷器。

3）变电所馈线上网隔离开关处设置避雷器，限制雷电波侵入变电所。

4）全线接触网所有不带电金属部分均与架空地线连接，架空地线与变电所接地网相连，构成接触网系统接地保护回路。

4.2.8 回流及杂散电流防护方式

在牵引供电系统中，接触网为馈电线，导轨为回流线。在电车运行时，牵引电流并非全部由导轨回流至牵引变电所，有一部分由导轨杂散流入大地，再由大地回流导轨和牵引变电所。杂散电流对城市建筑结构具有较大的腐蚀作用，主要对埋地金属管道、通信电缆外皮以及主体结构中的钢筋发生电化学腐蚀，它不仅能缩短金属管、线的使用寿命，而且还会降低钢筋混凝土主体结构的强度和耐久性，甚至酿成灾难性的事故。因此必须采取有效的措施，一方面可以减小回流电阻和加强对地的绝缘、涂绝缘层等；另一方面还可以采用回收杂散电流的极性排流等方法，以有效的限制杂散电流的腐蚀作用。

杂散电流设计按照以防为主、以排为辅、防排结合、加强监测的原则进行。

4.2.9 电力监控系统（SCADA）

电力监控系统（Supervisory Control and Data Acquisition，SCADA）可对沿线供电设施实行远距离监视、控制和测量，在变电所实行无人值守。

（1）系统功能

1）遥控功能。实现对变电所高压断路器和电动隔离开关（含接触网开关）以及主要的0.4kV 断路器的单独控制和程序控制。

2）遥信功能。遥信信号包括：变电所开关位置信号，开关设备接地刀闸位置信号，变电所内事故信号、预告信号，变电所内交、直流信号。如若采用箱式变电所，变电所房屋大门的开启采用门进系统，监控系统监视变电所大门的开启情况。

遥信显示：正常运行状态的显示，报警信息处理。

3）遥测功能。

实时采集和显示变电所电流、电压、功率数值和趋势图。

统计变压器过负荷情况和出现时间。

统计各种电压的最大、最小值和出现时间。

根据得到的测量数据编制日报、月报和年报等。

4）不对位操作功能。对非遥控开关及被控站执行端撤除运行时，调度员可在显示屏幕上进行人工对位操作。主接线显示画面和模拟盘上的显示符号自动对位。

5）供电系统运行情况的数据归档和统计报表功能。

6）优良的用户画面。

7）信息打印功能。

8）防电磁干扰的能力。

9）调度管理自动化功能。

10）在线自检、自恢复功能。

11）在线维护功能。系统应以友好的人机界面提供软件维护手段。在维护工作站终端上可对系统参数、现场工程数据和显示画面等进行方便的在线修改。

12）安全保护措施。不同工作性质的工作人员设置不同的安全操作口令。

（2）系统构成　电力监控系统由设置在控制中心的监控设备、设置在各变电所内的监控设备（变电所综合自动化系统）及通道组成。

控制中心主站监控系统采用网络结构，通过以太网络形成计算机监控网络。配置专用双服务器（前置机）实行自动切换，实时显示供电系统的运行状态和供电设备的运行状况。控制中心同时设置调度员工作站、维护工作站（工程师站）、系统用终端、供电系统打印计算机和图像监控等设备。电力监控控制中心应设专用 UPS 电源。控制中心的电力监控设备与变电所内的监控设备信息传输采用单模双芯光缆。该光缆单芯具有电话、图像及数据传输功能。

牵引变电所设置综合自动化系统，实现对变电所供电设备的管理，实现与控制中心的信息交换。电力综合自动化系统的底层结构是按供电设备（配电回路）进行设计的，监控装置直接安装在开关柜上或供电设备附近，监控装置与监控屏之间通过同轴电缆或双绞线进行通信。

变电所综合自动化系统采用全分布开放式系统结构，变电所内每台主要供电设备对应于一个子监控装置，监控装置用于设备的保护、监视、测量和控制。变电所内的继电保护装置动作和运行不依赖通信网和变电所主监控单元。

为在控制中心和牵引变电所之间传输信息，需要建立全线专用的信息传输通道。传输线路可以有下列两种方案：

1）自建光缆。

结合本工程重新整修道路，在整修道路的同时一并修建多孔 PVC 管道，将来利用该管道敷设 1 条 12 芯管道光缆即可解决本工程的通道需求。这样将来就省去租用光缆的费用，而且管道光缆线路维护工作量也小，维护费用也相对较少，可以考虑采用第三方维护方式。

2）租用电信运营商光缆。

控制中心和牵引变电所之间的信息传输可以租用中国电信（或中国铁通）的光缆线路。本方案的特点是工程建设初期投资较少，系统运营以后只需按时向电信运营商交纳租金，线路维修管理由出租方负责，无需组建维修管理队伍，无需准备备品和备件。

考虑到有轨电车工程需要从区间的牵降变电所向车站的辅助管理系统、电子站牌供电，以及辅助管理系统需要通过光缆与控制中心通信，因此电力监控系统采用自建光缆方案较为可行。本次研究推荐采用该方案。

第5章 现代有轨电车供电系统节能技术

轨道交通车辆是一种大容量、绿色、环保的交通运输方式，由于运量大，轨道交通尽管绿色环保，但耗能量也巨大。列车全寿命周期的能耗与运营、线路信号控制等诸多因素相关，贯穿于研发设计、生产制造、运营维护和报废各个阶段。其中，运营过程中的能耗占比最大。以深圳为例，深圳地铁1号线、2号线和5号线的年能耗量达4.47亿kW·h，占全市所有用电量的6.3%，电费支出约占运营费用的30%，面临巨大的节能压力和经济压力。

5.1 轨道交通节能技术发展现状

在城轨领域，车辆运行阶段的能耗组成中，车辆系统消耗能量约占系统总能耗的50%，地面车站消耗能量约占系统总能耗的50%。车辆能耗在列车牵引能量消耗中，大约80%用于牵引供电，20%用于辅助供电，而在制动消耗方面，列车制动能量约占总能量的40%。列车再生制动能量的吸收利用和辅助供电系统的节能在轨道交通节能利用中至关重要。轨道交通系统的能量构成复杂，系统具有移动特性、再生制动特性、车辆自带热源（驱动系统发热）等特性，应对车辆牵引驾驶系统、车载辅助供电系统、地面供电系统、地面车站、地面再生能量回收、车载再生能量回收、余热及新能源等进行能量一体化综合管控，实现整个系统能量利用率的最大化。

为实现系统能量优化利用，实现列车能量综合管理，庞巴迪公司提出了ECO4节能概念列车，如图5-1所示。节能概念列车包含了MITRAC Energy Saver、EBI Drive 50 Driver Assistance System、Energy Management Control System、EnerGplan simulation tool、Thermo Efficient Climatisation System等系列解决方案，分别用于车载再生能量存储（节能约30%）、辅助驾驶（节能约12%）、能量综合管理控制（节能约10%）、开行方案仿真（节能约20%）和温度环境控制（节能约26%）方面。日本N700系列车实施了再生制动能量向拖车辅助供电系统供电的方式。西门子公司开发了Sitras地面式超级电容再生制动储能系统，以实现再生制动能量的回收优化利用。阿尔斯通和ABB公司则将电力电子变压器取代传统牵引变压器，通过减轻牵引系统重量来节能，该技术使得牵引系统重量减轻了50%，效率达到95%。在以上各种节能措施中，能量综合管理、再生能量利用和智能操控驾驶是重要的节能措施，应重点关注。

1. 能量综合管理体系

能量管理在电力系统、微电网等系统中是保障用电安全可靠运行的重要管理系统。鉴于轨道交通的特殊性，目前电力系统的能量管理不能照搬至轨道交通系统，根据轨道交通特

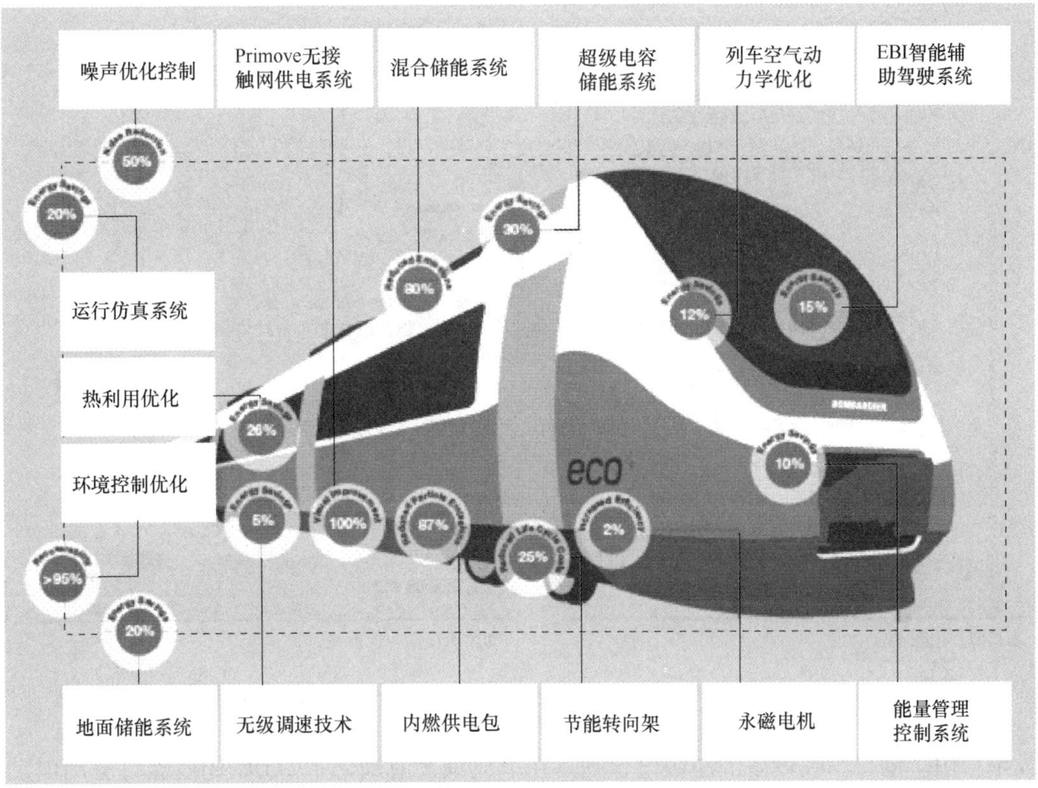

图 5-1　庞巴迪 ECO4 节能概念列车

点，国内外在轨道交通领域能量管理开展了创造性的工作。在轨道交通地面车站中开展了能量管理的初步应用，通过对主要用电设备系统进行能量监测，结合客流、环境温度开展对电扶梯和空调控制等实现节能。在轨道交通车辆方面的能量管理上，日本 JR 铁路公司提出了再生制动能量与向地面车站传输的理念。日本 N700 系列车实施了再生制动能量向拖车辅助供电系统供电的方式，通过热交换系统利用废排空气预冷或预热在国外得到应用。庞巴迪公司提出以 ECO4 为核心的能量综合管理理念，是国际上最为完善的一套节能架构。能量综合管理，具有较大的节能空间，应考虑能量在时间、空间上的优化管理。通过储能系统可以对能量进行时间尺度上的优化，通过地面与车站的综合管理，实现空间尺度上的优化。

2. 再生制动能量回收利用

在再生制动能量利用方面，典型的应用包括图 5-2 所示的西门子 Sitras 地面式超级电容再生制动储能系统和图 5-3 所示的庞巴迪公司的 MITRAC Energy Saver 车载超级电容储能系统，可实现系统节能约 30%，Sitras 为地面储能系统，MITRAC 则为车载储能系统，但两者均采用了超级电容作为储能系统。

超级电容的主要特点是功率密度大、使用寿命长，并且维护简单，适合用于频繁充放电的应用场合，如地铁再生能量回收系统、港口吊装设备和混合动力大巴车等。其中地铁再生能量回收系统将超级电容放置于地铁站内，当地铁车辆进站时启动 DC-DC 变换器，将地铁车辆电制动产生的电能回馈到超级电容中，而当地铁启动时再将存储于超级电容中的能量通过 DC-DC 变换器释放出来，这样就减小了地铁系统中制动电阻的使用频率，达到节能减排

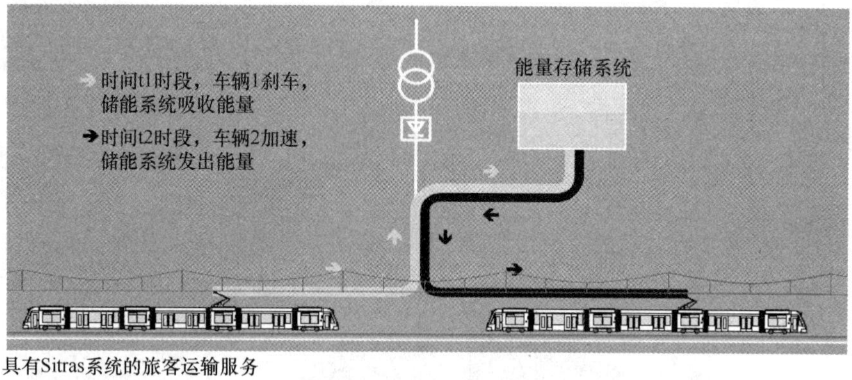

图 5-2　西门子 Sitras 地面式超级电容再生制动储能系统

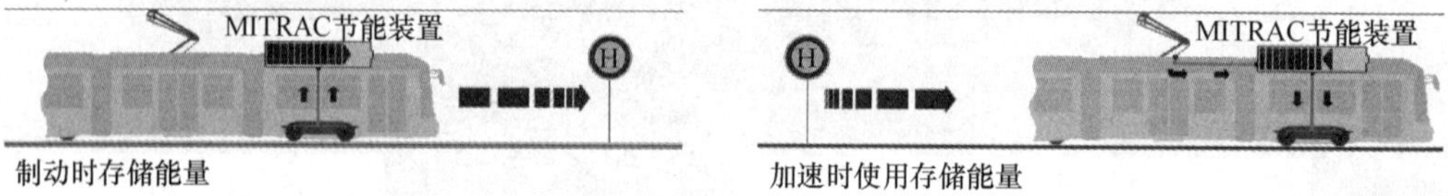

图 5-3　庞巴迪 MITRAC Energy Saver

的效果。用于港口吊装设备的超级电容则是在下放重物时通过 DC-DC 变换器将驱动电动机回馈的电能存储起来，当吊机起吊时再将超级电容中的能量通过 DC-DC 变换器释放出来。而大巴车的超级电容类似于地铁再生能量回收系统，当大巴车制动时将动能转化而来的电能存储于超级电容中，在大巴车起步时利用超级电容中的电能驱动电动机，从而提高混合动力大巴车起步时的效率，而在正常运行时则利用内燃机提供动力，这样既回收了制动能量又可以提高起步效率。整体来说，超级电容用于节能减排的基本原理是相同的，即回收再生能量并在功率需求时再释放出来。

车载超级电容储能系统的应用一定程度上受限于超级电容能量密度和 DC-DC 变换器功率密度。随着新的超级电容电极材料的出现，超级电容单体能量和功率密度具备了提升到满足车载储能需求的条件，而且 SiC 等新型半导体材料的成熟也为 DC-DC 变换器功率密度提高提供了条件，进而使超级电容具备用来作为车载再生能量回收的能力。不同于安装于地铁站内的再生能量回收系统，车载再生能量回收系统可以通过列车网络与牵引系统配合工作，从而使得能量回收达到最优效果，这可能是未来列车节能减排方面重要的发展方向。

3. 基于智能操控的牵引能量利用

通过智能操控实现列车运行节能对牵引能量的利用具有重要意义。然而仅仅考虑单车运行的智能操控仍然具有一定的局限性，考虑线路上其他车辆的运行行为，通过优化配合实现再生与牵引能量的优化利用，从而实现系统总体节能是发展趋势。EBI Drive 50 Driver Assistance System 是庞巴迪公司开发的智能辅助驾驶系统，如图 5-4 所示，该系统可实现节能约 12%，显示出通过智能操控节能方面具有的较大潜力。受信号灯、外界车辆和行人等干扰较大，其智能操控比地铁、高铁的智能操控更加复杂，有待进一步研究。

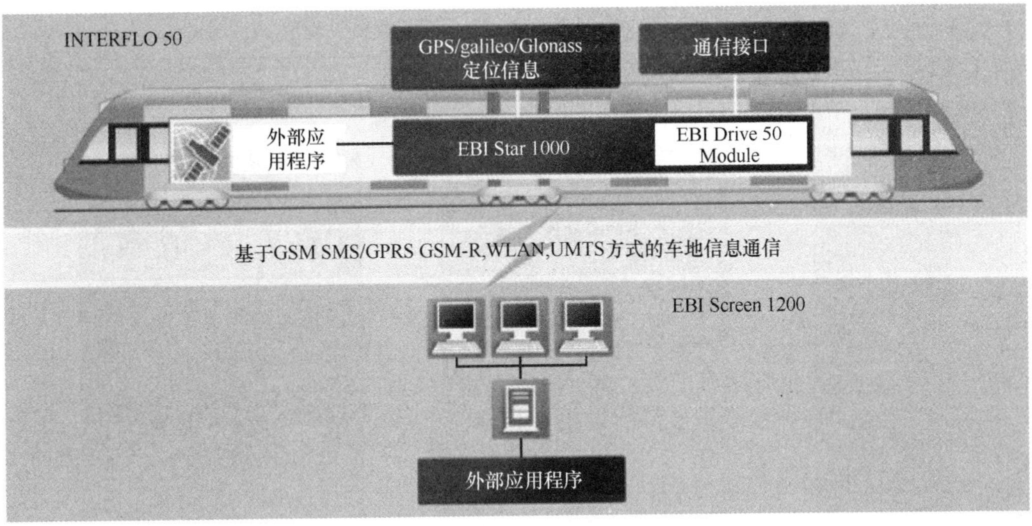

图 5-4　庞巴迪 EBI Drive 50 Driver Assistance System

5.2　现代有轨电车系统节能技术

与地铁、高铁相比，现代有轨电车有其自身的特殊性，在系统技能技术方面需要考虑如下因素：现代有轨电车在地面运行的物理环境复杂，启停等操纵比地铁更随机灵活，对智能操控的要求更高；无接触网方式的现代有轨电车采用了诸如超级电容器、锂电池等新型车载储能系统，应充分挖掘储能系统的能量在时间和空间上的优化。除此以外，应充分考虑全寿命周期内的总体节能措施，在现代有轨电车设计、运营和维护等全寿命周期环节内实现节能。图 5-5 所示为现代有轨电车全寿命周期下的节能技术体系建议。图 5-6 所示为现代有轨电车能量综合管理系统的构成，从中可以找到能量综合管理的研究方向。

1. 车辆能量流监测控制技术

开发涉及车辆运行线路环境、车内环境、牵引与制动再生能量、余热能量、辅助供电系统能量、储能系统能量的复杂系统能量综合管理平台。开展能量综合监测与评估技术、能量流优化策略研究，基于综合管理平台及其所形成的大数据系统，输出智能化的节能行为、优化的节能控制策略，输出车辆能量流在时间、空间维度的综合评估报告，促进能量在时间维度和空间维度上的综合管控与优化。

2. 列车群的智能化牵引节能操控技术及系统开发

在单车智能节能司控研究开发的基础上，基于车-车通信，实现车-车行为的感知，实现群列车之间的协调操控和辅助驾驶。实现再生与牵引的优化配合，避免同时牵引、同时再生等，研制基于列车群的智能操控辅助系统，并实现与车辆能量流监测与控制综合管理平台的接入与集成，预计实现节能 10%。

3. 辅助供电系统能量优化关键技术与系统开发

（1）基于运行环境自感知的辅助供电系统节能控制技术　基于照度、湿度、温度、客流和流场特性等数据实现对辅助供电系统机电设备的综合优化控制。重点开展基于运行环境

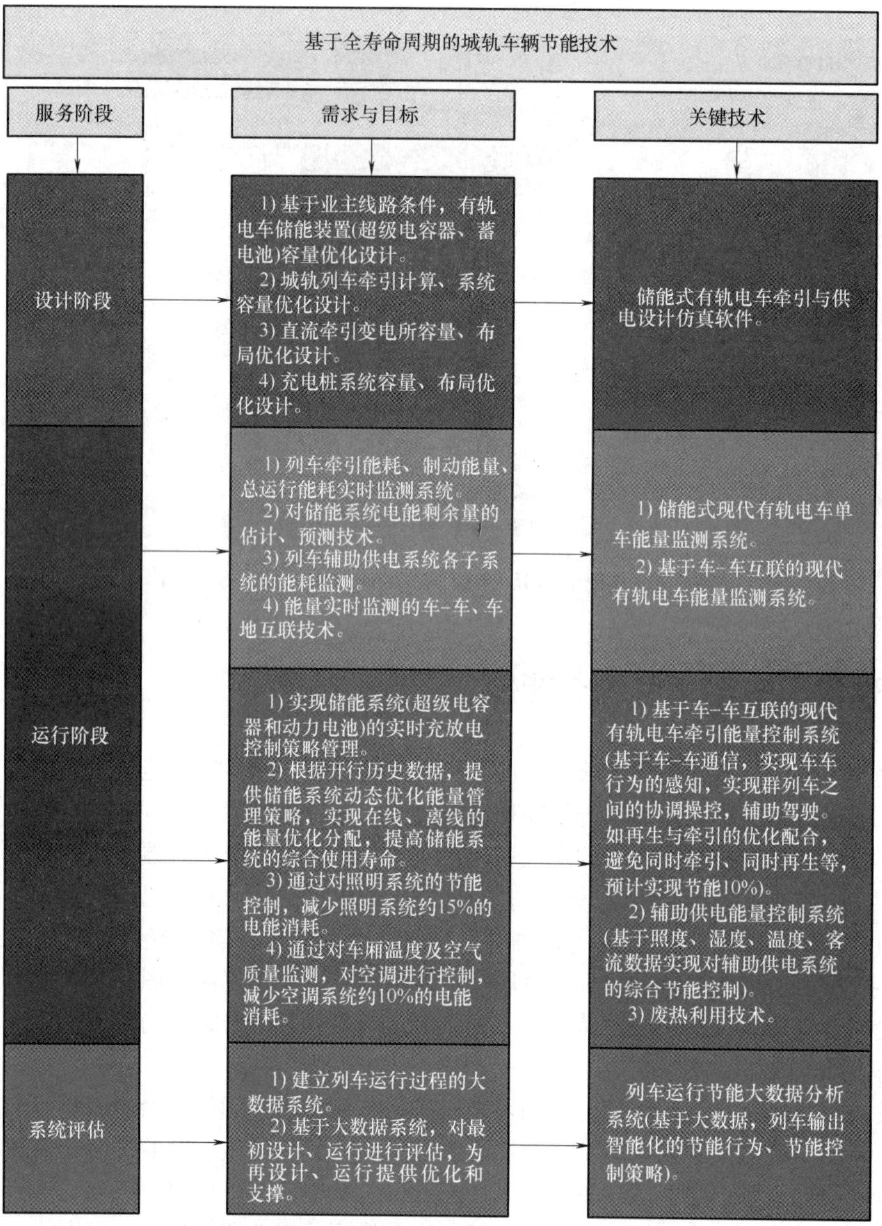

图 5-5　现代有轨电车全寿命周期下的节能技术体系建议

的空调系统节能运行控制策略，实现与车辆能量流监测与控制综合管理平台的接入与集成。

（2）余热能回收再利用技术　分析空调系统排风余热特性，通过与新风的全热交换，实现排风的余热回收，形成余热再利用的空调环控技术方案。

4. 基于储能系统的再生制动能量利用关键技术研究

地面、车载再生能量利用系统在轨道交通系统的应用给系统特性带来了显著变化。拟以再生能量的优化利用为核心目标，基于地面牵引所、地面逆变回馈系统、车载再生储能系统和车载制动电阻的各自特性，研究车辆牵引与供电系统设计技术。研究地面牵引变电所、地面再生能量逆变回馈系统和车载再生储能系统的容量匹配方法，研究减少或取消车载制动电

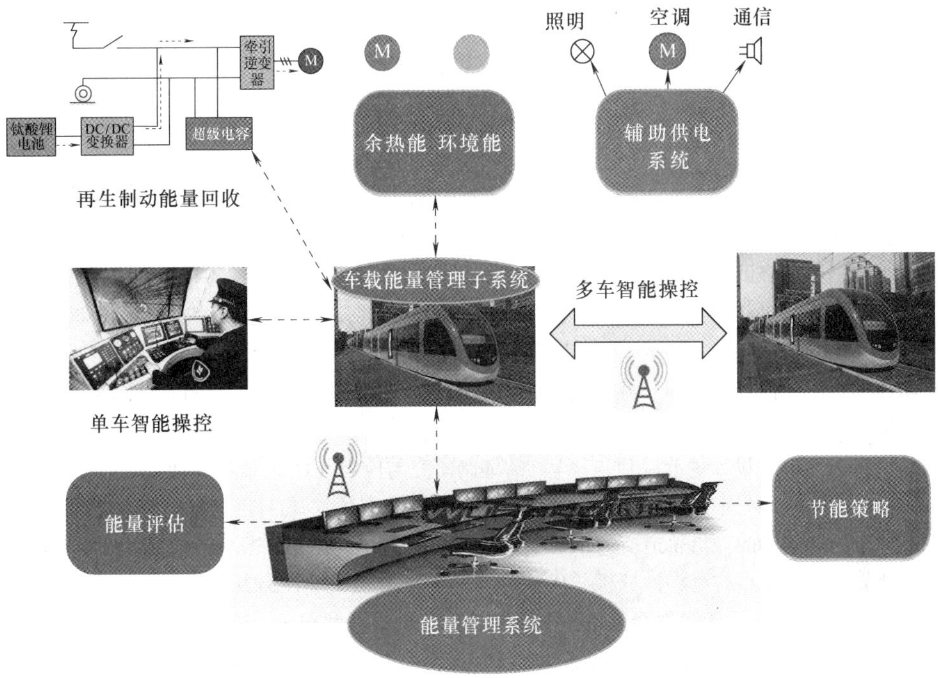

图 5-6　现代有轨电车能量综合管理系统的构成

阻的可行性，研究地面牵引变电所、地面再生能量逆变回馈系统和车载再生储能系统的协调控制策略，研究实现列车制动能量与牵引启动能量的自平衡和再生能量的高效率利用，降低牵引与制动冲击能量对车-地供电系统的容量要求，实现系统级的再生能量与牵引能量的高效优化利用。

参考文献

[1] 徐寿伟. 沈阳市浑南新区现代有轨电车一期工程轨道系统设计评述 [J]. 都市快轨交通，2013，26 (6)：190-193.

[2] 李虎，崔磊，黄德敏. 基于100%低地板现代有轨电车的城市轨道交通供电系统设计 [J]. 中国高新技术企业，2014，1 (1)：123-124.

[3] 王丽丽. 法国波尔多试验轻轨路面供电系统 [J]. 现代城市轨道交通，2004 (3)：58-59

[4] 陈德胜，于松伟，韩连祥，等. 嵌地式接触轨供电系统研究 [J]. 都市快轨交通，2013，26 (6)：143-145.

[5] 于松伟，杨兴山，韩连祥，等. 城市轨道交通供电系统设计原理与应用 [M]. 成都：西南交通大学出版社，2008.

[6] 于松伟. 新版《地铁设计规范（供电篇）》的编制研究与应用 [D]. 成都：西南交通大学，2007.

[7] 刘炜. 城市轨道交通列车运行过程优化及牵引供电系统动态仿真 [D]. 成都：西南交通大学，2009.

[8] 郭东. 考虑再生制动的城市轨道交通牵引供电仿真的研究 [D]. 成都：西南交通大学，2008.

[9] 郑吉. 地铁牵引供电系统可靠性分析 [D]. 成都：西南交通大学，2009.

[10] 王小磊. 现代有轨电车无架空线供电技术综述 [J]. 城市公共交通，2014 (4)：35-39.

[11] 苏劼. 城市轨道交通能馈式牵引供电系统的应用研究 [D]. 北京：北京交通大学，2009.

[12] 王继红. 城市轨道交通牵引与供电系统的应用研究 [D]. 上海：同济大学，2005.

[13] 刘璟. 地铁直流牵引供电系统检测与保护的研究 [D]. 镇江：江苏大学，2006.

[14] Ma Liang, Xu Hongze, Zhou Peng. Development of Simulation Support Platform for Modern Tram Operation Control System. London：Springer London. 2012，138：855-862.

[15] 王军，陶伟. 地铁直流牵引供电系统保护 [J]. 科技致富向导，2010：(17)：102-103.

[16] 曾德容. 地铁供电系统可靠性和安全性分析方法研究 [D]. 成都：西南交通大学，2008.

[17] 战鹏. 地铁杂散电流对钢筋混凝土结构腐蚀影响研究及防护 [D]. 北京：北京交通大学，2009.

[18] 叶润潮. 直流供电系统方案优选研究 [D]. 成都：西南交通大学，2012.

[19] Xue M，Yang L，Cheng J. Modern Trams：Characteristics & Development both at Home and A broad [J]. Urban Transport of China，2008.

[20] 朱俐琴. 城市轨道交通系统供电制式与受流方式分析 [J]. 电力机车与城轨车辆，2003，26 (3)：29-31.

[21] 郭春霞. 现代有轨电车供电接触网系统研究与零件设计 [J]. 电气化铁道，2014 (3)：20-22.

[22] 胡懿洲，杨啸勇. 建立城轨交通接触网评价体系的探讨 [J]. 城市轨道交通，2004.

[23] 魏忠超，于先芝，邓志光，等. 现代有轨电车及简单接触悬挂的应用 [J]. 现代城市轨道交通，2010 (2)：15-18.

[24] 靳志方. 关于地铁供电系统设计的思考 [J]. 都市快轨交通，2014，27 (6)：101-103.

[25] 王平瑞. 天津城市轨道交通供电监控系统优化设计 [D]. 天津：天津大学，2009.

[26] 王华荣. 城市轨道交通杂散电流监测系统的设计 [D]. 成都：西南交通大学，2007.

[27] 王崇林，马草原，王智，等. 地铁直流牵引供电系统杂散电流分析 [J]. 城市轨道交通研究，2007，10 (3) 51-53.

[28] 徐舒. 南京地铁牵引供电系统负荷建模与仿真及其对电网影响分析 [D]. 南京：东南大学，2006.

[29] 孙明. 发展中的大连城市轨道交通 [J]. 城市轨道交通研究，2004，7 (4).

[30] 周曙. 地铁轻轨牵引供电仿真软件及其算法的研究 [D]. 成都：西南交通大学，2001.

[31] R Matsunaka, T Oba, N Dai, et al. International comparison of the relationship between urban structure and the service level of urban public transportation——A comprehensive analysis in local cities in Japan, France and Germany [J]. Transport Policy,. 2013, 30 (3): 26-39.
[32] Ling XQ, Huang XD, Yang RP , et al. The Research and Development of Modeling and Simulation Platform for the Design of Combat and Command System of Warship Fleet [J]. Fire Control & Command Control. 2012, 37 (3).
[33] S Stoft. Power System Economics: Designing Markets for Electricity [J]. Journal of Energy Literature, 2002, 99 (1): 58-63.
[34] 陈吉刚. 城市轨道交通供电系统受流方式研究 [J]. 中国新技术新产品, 2011 (7): 16-17.
[35] 杨锐, 陈德胜, 张剑涛. 现代有轨电车车储能式供电能耗与配套供电 [J]. 都市快轨交通, 2013, 26 (6): 148-151.
[36] 杨峰. 储能式有轨电车工程供电系统探讨 [J]. 城市建设理论研究: 电子版, 2015 (8).
[37] 张玉峰. 第三轨参数检测及评价系统研究 [D]. 成都: 西南交通大学, 2006.
[38] 汪锦丰, 杨翔. 新型城市轨道交通牵引供电制式的探讨 [J]. 城市建设理论研究: 电子版, 2013 (4).
[39] 冯剑冰. 城市轨道交通牵引供电系统制式选型的思考 [J]. 现代城市轨道交通, 2012 (3): 100-104.
[40] HH Topp. Innovations in tram and light rail systems [J]. Proceedings of the Institution of Mechanical E, 1999, 213 (3): 133-141.
[41] A Anis, R Islam. The application of analytic hierarchy process in higher learning institutions: a literature review [J]. Journal of International Business & Entrepreneurship Development. 2015, 8 (2).
[42] OS Vaidya, S Kumar. Analytic hierarchy process : An overview of applications [J]. European Journal of Operational Research, 2006, 169 (1): 1-29.
[43] L Bodin, SI Gass. Exercises for Teaching the Analytic Hierarchy Process [J]. Informs Transactions on Education, 2004, 4 (2): 1-13.
[44] J Kong, F Zhang, Z Zhou. Fuzzy Comprehensive Evaluation of Service Agent Based on Large-Scale Products of New Technology [J]. Modern Economy, 2015, 6 (4): 498-509.
[45] Branko Vasic, Vladimir Popovic, Vukan R Vuchic, et al. Defining the functional and physical compatibility of a modernized tramway rolling stock with a newly planned LRT system: a case study of Belgrade [J]. Transportation Planning & Technology, 2012, 35 (3): 241-261.
[46] 刘小涵. 公交电车供电方案技术经济研究 [D]. 成都: 西南交通大学, 2014.
[47] 吴胜权, 黄振晖, 王贵国, 等. 城市现代有轨电车工程基础 [M]. 北京: 机械工业出版社, 2016.
[48] 苏国强, 郑磊, 黄坤林. 新型有轨电车供电方式分析 [J]. 铁路技术创新, 2013 (6): 46-49.
[49] 李韶杰. 超级电容器蓄电池混合电源性能研究 [J]. 电源技术, 2010, 34 (6): 567-571.
[50] 周庆瑞, 施翊. 新型有轨电车及其创新的供电制式 [J]. 都市快轨交通, 2008, 21 (6): 95-97.
[51] 柴适. 有轨电车供电新技术 [J]. 城市公用事业, 2011 (4): 53-54.
[52] 周春燕. 上海轨道交通运营成本控制刍议 [J]. 城市轨道交通研究, 2010, 13 (7): 9-11.
[53] 刘新平. 新型有轨电车信号系统方案研究 [J]. 城市轨道交通研究, 2012, 15 (5): 50-52.
[54] 叶芹禄. 有轨电车的现状与未来 [J]. 都市快轨交通, 2013, 26 (5): 1-5.
[55] 苏国强, 郑磊, 黄坤林. 新型有轨电车供电方式分析 [J]. 铁路技术创新, 2013 (6): 46-49.
[56] 霍长龙. 有轨电车供电系统方案研究 [J]. 建筑工程技术与设计, 2016 (5).
[57] 蔡波, 李鲲鹏. 现代有轨电车无接触网牵引供电方式研究 [J]. 城市轨道交通研究, 2015 (1): 72-77.
[58] 毛保华. 城市轨道交通规划与设计 [M]. 北京: 人民交通出版社, 2011.